FUNDAMENTOS BÍBLICOS DA ETERNIDADE

Fundamentos bíblicos da eternidade

Todos os textos foram extraídos da
Bíblia Sagrada Almeida Corrigida Fiel – ACF

Diretor editorial: Luiz Vasconcelos
Produção editorial: Graziele Sales
Organização de conteúdo: Evandro Vasconcelos
Revisão: Angélica Mendonça
Diagramação: Marília Garcia
Capa: Alexandre Santos

Texto de acordo com as normas do Novo Acordo Ortográfico da Língua Portuguesa (1990), em vigor desde 1º de janeiro de 2009.

Dados Internacionais de Catalogação na Publicação (CIP)
Angélica Ilacqua CRB-8/7057

Fundamentos bíblicos da eternidade / Ágape. –– Barueri, SP: Novo século, 2025.
112 p.

ISBN 978-65-5724-160-8

1. Bíblia – Estudo e ensino I. Ágape

25-0364 CDD-220.7

Ágape
uma marca do Grupo Novo Século

GRUPO NOVO SÉCULO
Alameda Araguaia, 2190 – Bloco A – 11º andar – Conjunto 1111
CEP 06455-000 – Alphaville Industrial, Barueri – SP – Brasil
Tel.: (11) 3699-7107 | E-mail: atendimento@gruponovoseculo.com.br
www.gruponovoseculo.com.br

FUNDAMENTOS BÍBLICOS DA ETERNIDADE

Ágape

São Paulo, 2025

SUMÁRIO

Apresentação

A ETERNIDADE É UM dos temas mais profundos e transformadores da Bíblia. Ela nos leva a contemplar não apenas a vastidão do tempo, mas o propósito eterno de Deus e nosso lugar dentro de Sua história redentora. O livro *Fundamentos bíblicos da eternidade* busca explorar como as Escrituras revelam a realidade eterna de Deus, a promessa de vida eterna para os crentes e a forma como essa esperança molda nossa vida presente.

Desde os primeiros capítulos de Gênesis até as visões gloriosas do Apocalipse, a Bíblia apresenta um Deus eterno que criou o tempo e o espaço, mas que existe além deles. Ele nos chama a conhecer Sua eternidade e a viver com uma perspectiva que transcende as limitações deste mundo. Essa mensagem desafia nossos pensamentos e transforma nosso entendimento da vida, da morte e do propósito.

A promessa de vida eterna não é apenas um conceito teológico abstrato; é a essência do evangelho. Jesus Cristo veio ao mundo para nos reconciliar com Deus e nos conceder uma herança incorruptível. Suas palavras e obras apontaram constantemente para a eternidade, convidando-nos a viver não apenas para o presente, mas com os olhos voltados para o Reino que nunca terá fim.

Este livro mergulha nas Escrituras para explorar o plano redentor de Deus, que culmina na eternidade. Desde as promessas a Abraão e as alianças no Antigo Testamento até a vinda de Cristo e a esperança da nova criação, cada passo da história bíblica revela um Deus comprometido com a restauração de Sua criação para a comunhão eterna com Ele.

Um dos aspectos centrais da eternidade bíblica é a ideia de comunhão. Deus não apenas nos promete a vida eterna, mas uma vida em Sua presença, onde não haverá mais separação. Essa comunhão, interrompida pela queda, é o fio condutor que conecta a narrativa bíblica, culminando na nova Jerusalém, onde Deus habitará com Seu povo para sempre.

O livro também explora como a visão da eternidade impacta nossa existência terrena. Saber que fomos criados para algo maior nos ajuda a enfrentar as dificuldades com esperança, a viver com propósito e a investir em valores que têm significado eterno. Essa perspectiva transforma nossas escolhas e nos convida a alinhar nossas prioridades com os propósitos de Deus.

A eternidade não é apenas uma promessa futura; é uma realidade que começa no momento em que colocamos nossa fé em Cristo. A vida eterna não é sobre quantidade, mas sobre qualidade: um relacionamento restaurado com Deus que traz paz, alegria e plenitude, mesmo em meio às limitações do presente.

Este livro ainda examina a obra do Espírito Santo como penhor da nossa herança eterna. Ele é o selo que nos garante a certeza das promessas de Deus e nos capacita a viver de maneira que reflita a realidade da eternidade agora. Sua presença nos transforma e nos prepara para o destino glorioso que nos aguarda.

Além disso, a esperança da eternidade molda nossa visão sobre a morte. Para os crentes, a morte não é o fim, mas o início da plena comunhão com Deus. Essa perspectiva nos dá coragem para enfrentar a mortalidade, confiando que Cristo já venceu a morte e garantiu a ressurreição para aqueles que creem n'Ele.

A nova criação descrita em Apocalipse 21-22 é o ponto culminante da mensagem bíblica sobre a eternidade. A promessa de um novo céu e uma nova terra, livres de dor, morte e sofrimento, é a consumação do plano de Deus. Essa visão não apenas nos enche de esperança, senão nos desafia a viver como cidadãos do Reino de Deus agora.

Outro aspecto abordado no livro é a maneira como a eternidade ilumina nossa visão de vida e propósito. Quando entendemos que nossa vida é parte de algo eterno, somos chamados a viver com intenção, priorizando o que glorifica Deus e tem impacto duradouro. Cada momento é uma oportunidade de refletir a glória de Deus e avançar Seu Reino.

O livro nos chama a refletir sobre a urgência de compartilhar o evangelho à luz da eternidade. Saber que as decisões do presente têm implicações eternas nos move a proclamar a mensagem de salvação com paixão, oferecendo a outros a oportunidade de conhecer o Deus eterno e Sua promessa de vida eterna.

A eternidade nos convida a viver com humildade e gratidão. Saber que fomos incluídos no plano eterno de Deus por meio de Cristo nos leva a adorar e agradecer continuamente. Essa gratidão nos motiva a servir a Deus e ao próximo, refletindo a graça que recebemos.

Viver com a eternidade em mente nos fortalece em meio ao sofrimento. Quando enfrentamos dificuldades, somos lembrados que elas são temporárias e que há uma glória eterna aguardando aqueles que perseveram. Essa esperança nos dá força e coragem para continuar caminhando com fé.

A perspectiva eterna também nos chama à santidade. Saber que pertencemos a Deus e que fomos criados para a eternidade nos desafia a viver de maneira digna de nosso chamado, buscando refletir o caráter de

Cristo em tudo o que fazemos. Essa busca não é apenas um dever, mas um privilégio.

Este livro é mais do que uma exploração teológica, é um convite à transformação. Ele nos convida a reorientar nossas vidas à luz da eternidade, permitindo que essa visão molde nossas ações, nossas prioridades e nossa esperança. A eternidade é um presente que começa agora e se estende para sempre.

Que esta jornada pelos fundamentos bíblicos da eternidade inspire cada leitor a viver com propósito, gratidão e expectativa. Que nossas vidas reflitam a realidade pela qual fomos chamados para uma comunhão eterna com Deus e que cada dia seja vivido como parte desse plano maior.

Fundamentos bíblicos da eternidade é mais do que um estudo; é um lembrete do amor fiel e eterno de Deus, que nos convida a caminhar com Ele agora e para sempre. Que ao explorar essas verdades, você seja renovado em sua fé e fortalecido na esperança que temos em Cristo, Aquele que é o Alfa e o Ômega, o princípio e o fim.

Que o Deus eterno, que nos chamou para Sua glória, encha nossos corações de paz, alegria e a certeza de que nossa vida está segura em Suas mãos. Que vivamos como pessoas moldadas pela eternidade, confiando que Ele completará a boa obra que começou em nós. Essa é a promessa que nos sustenta e nos motiva a viver para a glória d'Ele, hoje e sempre.

CAPÍTULO 1

O propósito eterno de Deus na criação

A eternidade de Deus como base de toda a criação (Salmo 90:2)

A ETERNIDADE DE DEUS é um dos atributos mais impressionantes e fundamentais do Criador, servindo como a base de toda a criação. Em Salmos 90:2, lemos: "Antes que os montes nascessem, ou que tu formasses a terra e o mundo, sim, mesmo de eternidade a eternidade, tu és Deus". Essas palavras destacam a natureza eterna de

Deus, que existe além do tempo e do espaço, sustentando tudo o que foi criado.

Diferentemente da criação, que tem um começo e um fim, Deus não foi criado nem é limitado pelo tempo. Ele é o ponto de partida absoluto, Aquele que sempre existiu e sempre existirá. Essa verdade estabelece um fundamento sólido para a existência do universo e para a confiança que podemos ter n'Ele como sustentador de todas as coisas.

O fato de Deus ser eterno implica que Ele não é sujeito às mudanças e limitações do tempo. Enquanto a criação está constantemente em transformação, Deus permanece imutável em Seu caráter, poder e propósito. Isso nos dá a segurança de que Suas promessas são confiáveis, pois não estão sujeitas às incertezas do tempo. A eternidade de Deus também sublinha a dependência da criação em relação ao Criador. Nada do que existe poderia ter surgido por conta própria. O universo só é sustentado porque Deus, que é eterno, o criou e continua a mantê-lo. A dependência de toda a criação em relação ao Deus eterno reforça o papel d'Ele como a fonte suprema de vida.

O Salmo 90, como um todo, contrasta a eternidade de Deus com a transitoriedade da vida humana. Enquanto Deus é "mesmo de eternidade a eternidade", nós somos como a erva que floresce pela manhã, mas à tarde murcha e seca. Essa comparação nos lembra da nossa fragilidade e da necessidade de nos conectarmos ao Deus eterno para encontrar propósito e segurança.

A eternidade de Deus também é um convite à adoração. Reconhecer que Ele é o mesmo antes da fundação do mundo e será o mesmo por toda a eternidade nos leva a reverenciá-lo como o único digno de nossa adoração. Essa perspectiva amplia nossa visão de quem Deus é, ajudando-nos a enxergar a grandeza d'Ele em contraste com nossas limitações.

Além disso, a eternidade de Deus dá sentido à história da redenção. Como aquele que é eterno, Deus já conhecia o plano para redimir a Humanidade antes mesmo da criação do mundo. Sua natureza eterna garante que Ele pode cumprir Seu plano sem ser limitado pelas contingências do tempo ou pelas ações humanas.

A criação reflete, de maneira limitada, o caráter eterno de Deus. As vastas montanhas, os céus imensos e o ritmo constante do cosmos apontam para o Criador eterno. Esses aspectos da criação são um lembrete visível da realidade invisível de Sua eternidade, convidando-nos a contemplar e louvar Sua grandeza.

A eternidade de Deus tem implicações práticas para a nossa fé. Saber que Ele é eterno nos dá confiança de que Suas promessas não falharão. Quando enfrentamos incertezas, podemos nos lembrar de que Deus é imutável e que Seu propósito eterno será cumprido, independentemente das circunstâncias temporais.

Outro aspecto importante é a relação entre a eternidade de Deus e nossa esperança futura. Como seres temporais, ansiamos por algo eterno, e Deus nos oferece a oportunidade de participar de Sua eternidade por meio de Cristo. Esse convite reflete Seu desejo de comunhão eterna com a Humanidade, realizada em Seu plano redentor.

Refletir sobre a eternidade de Deus nos leva a considerar nossa própria vida sob uma nova perspectiva. Ao reconhecermos que o Criador é eterno e soberano sobre tudo, somos chamados a alinhar nossas vidas com Sua vontade, buscando o que tem valor eterno e confiando que Ele é suficiente para sustentar todas as coisas, desde o início até o fim dos tempos.

O propósito divino na criação do homem como ser eterno (Gênesis 1:26-27)

O PROPÓSITO DIVINO NA criação do homem como ser eterno é uma das grandes revelações das Escrituras. Em Gênesis 1:26, Deus declara: "Façamos o homem à nossa imagem, conforme a nossa semelhança". Essa afirmação destaca o plano de Deus ao criar a Humanidade como reflexo de Sua natureza, incluindo a dimensão da eternidade. Fomos criados para um relacionamento eterno com o Criador, que dá sentido e propósito à nossa existência.

Ser feito à imagem e semelhança de Deus confere ao homem um valor único entre todas as criaturas. Enquanto o restante da criação reflete a glória de Deus de forma limitada, o homem foi dotado de capacidades racionais, morais e espirituais que o conectam de maneira especial ao Criador. Essa conexão inclui a capacidade de compreender a eternidade e de anelar por ela, como registrado em Eclesiastes 3:11: "também pôs o mundo no coração do homem, sem que este possa descobrir a obra que Deus fez desde o princípio até ao fim".

O plano original de Deus para a Humanidade era que o homem vivesse eternamente em comunhão com Ele. No jardim do Éden, Adão e Eva desfrutavam de um relacionamento direto e pleno com Deus, sustentado pela árvore da vida. Essa comunhão representava a perfeita harmonia entre o Criador e a criação, na qual a eternidade não era apenas um conceito, mas uma realidade presente. A queda, no entanto, interrompeu esse propósito eterno. Ao desobedecerem, Adão e Eva foram separados da presença de Deus, e a morte entrou no mundo como consequência do pecado. Apesar disso, o propósito divino para a eternidade do homem não foi abandonado. Deus, em Sua graça, começou um plano de redenção para restaurar o relacionamento eterno entre Ele e a Humanidade. A expulsão do Éden, registrada em Gênesis 3, não foi apenas um ato de juízo, mas também de misericórdia. Ao afastar o homem da árvore da vida, Deus impediu que ele vivesse eternamente em um estado de pecado e corrupção.

Essa ação preparou o caminho para a redenção futura, em que a vida eterna seria restaurada por meio de Cristo.

Jesus Cristo, como o segundo Adão, veio para cumprir o propósito eterno de Deus na criação do homem.

Em Sua vida, morte e ressurreição, Ele abriu o caminho para que a Humanidade pudesse novamente desfrutar da vida eterna com Deus. João 3:16 resume esse propósito: "Porque Deus amou o mundo de tal maneira que deu o seu Filho unigênito, para que todo aquele que nele crê não pereça, mas tenha a vida eterna".

O Espírito Santo também desempenha um papel fundamental no cumprimento desse propósito. Ele nos sela para o dia da redenção (Efésios 1:13-14) e transforma nosso caráter, preparando-nos para a eternidade. A presença do Espírito em nossas vidas é um penhor da herança eterna que Deus nos prometeu, garantindo que Seu propósito será cumprido.

Além disso, o propósito de Deus para a eternidade do homem não se limita a um futuro distante. A vida eterna começa aqui e agora, em um relacionamento com Cristo. Jesus declarou: "E a vida eterna é esta: que te conheçam, a ti só, por único Deus verdadeiro, e a Jesus Cristo, a quem enviaste" (João 17:3). Viver como seres eternos significa experimentar essa comunhão com Deus desde o presente. A eternidade do homem também tem implicações práticas para nossa vida terrena. Saber que fomos criados para viver eternamente nos desafia a viver com propósito e intencionalidade. Paulo nos exorta em Colossenses 3:2 a pensar "nas coisas que são de cima, e não nas que são da terra", lembrando-nos de que nossa verdadeira pátria é celestial.

O propósito eterno de Deus também nos dá esperança em meio às dificuldades. As dores e perdas desta vida não são definitivas, mas temporárias, enquanto aguardamos o cumprimento pleno da promessa de Deus.

Como Paulo escreve em 2 Coríntios 4:17, "porque a nossa leve e momentânea tribulação produz para nós um peso eterno de glória mui excelente".

Outro aspecto importante do propósito eterno de Deus é que nos chama à missão. Como seres eternos, somos embaixadores do Reino de Deus, anunciando o evangelho da vida eterna. Nosso papel na criação é refletir a glória de Deus e convidar outros a participarem desse propósito eterno.

A imagem de Deus no homem implica responsabilidade. Fomos criados para refletir o caráter de Deus em tudo o que fazemos, tanto em nossa relação com Ele quanto em nossa relação com o próximo e com a criação. Esse chamado à mordomia reflete nosso papel como parceiros de Deus em Seu plano eterno.

Por fim, o propósito de Deus para a eternidade do homem se cumpre plenamente na nova criação. Em Apocalipse 21 e 22, é descrito um estado eterno em que Deus habitará com Seu povo, e eles reinarão para sempre com Ele. Essa é a consumação do plano divino, em que a eternidade do homem será vivida em sua plenitude na presença do Criador.

Reconhecer o propósito divino na criação do homem como ser eterno nos chama a viver com fé, esperança e amor. Cada escolha, cada relacionamento e cada momento de adoração são oportunidades de refletir a eternidade para a qual fomos criados. Esse propósito nos lembra que nossa vida tem significado eterno, não apenas pelo que fazemos, mas por quem somos em Cristo.

A harmonia original no Éden e o desejo de Deus de comunhão eterna com a Humanidade

A HARMONIA ORIGINAL NO Éden é uma das maiores expressões do desejo de Deus de comunhão eterna com a Humanidade. O relato de Gênesis descreve um cenário perfeito, no qual Deus criou um jardim cheio de vida, beleza e provisão, colocando o homem e a mulher no centro dessa criação como guardiões e participantes de Sua obra. Essa harmonia refletia não apenas a perfeição da criação, mas também a intenção de Deus de estar em relacionamento íntimo e eterno com a Humanidade.

Adão e Eva desfrutavam de um relacionamento único com Deus. Eles não apenas conheciam sobre Deus, mas caminhavam com Ele no jardim em uma comunhão direta e desimpedida. Esse relacionamento era marcado por confiança, transparência e alegria. A descrição de Deus passeando pelo jardim na viração do dia (Gênesis 3:8) ilustra a proximidade que Deus desejava ter com Sua criação.

A harmonia no Éden se manifestava nos relacionamentos humanos. Adão e Eva viviam em completa unidade, refletindo o design de Deus para o casamento como uma parceria baseada na igualdade, no respeito e no amor. Sua união era um reflexo da harmonia que Deus pretendia para toda a Humanidade, um estado em que o pecado e o egoísmo não tinham lugar.

Além disso, a relação entre o homem e a criação era marcada pela ordem e pelo equilíbrio. Deus deu a Adão o mandato de cuidar do jardim e dominar sobre a terra, mas essa autoridade era exercida com responsabilidade e harmonia. A criação respondia à liderança do homem sem resistência, refletindo o estado perfeito do mundo antes do pecado.

O centro dessa harmonia era a árvore da vida, símbolo do acesso contínuo de Adão e Eva à vida eterna. Comer dos frutos da árvore era um lembrete de que sua existência dependia de Deus e de Sua provisão constante. Esse acesso direto à vida eterna mostrava o desejo de Deus de manter a Humanidade em comunhão com Ele para sempre.

A harmonia original no Éden também apontava para o propósito eterno de Deus. O jardim era mais do que um lugar de habitação; era um espaço sagrado onde o céu e a terra se encontravam, e Deus habitava com o homem. Esse estado inicial reflete a intenção de Deus de criar um mundo em que Ele pudesse compartilhar Sua glória e Seu amor com a Humanidade em um relacionamento eterno.

Porém, quando o pecado entrou no mundo, a harmonia foi quebrada. Adão e Eva se esconderam de Deus, rompendo a comunhão que antes desfrutavam. O relacionamento entre eles foi marcado pela vergonha e pela culpa, e a criação, antes submissa, tornou-se uma fonte de esforço e dor. Apesar disso, o desejo de Deus de comunhão eterna com a Humanidade permaneceu.

Mesmo após a queda, Deus continuou a buscar o homem. Sua pergunta a Adão, "Onde estás?" (Gênesis 3:9), não foi apenas uma questão física, mas uma expressão de Seu desejo de restaurar o relacionamento perdido. Esse chamado revela o coração de Deus, que, mesmo diante do pecado, busca trazer a Humanidade de volta à comunhão com Ele.

O desejo de Deus por comunhão eterna ainda se reflete em Sua promessa de redenção. A promessa da semente da mulher que esmagaria a cabeça da serpente (Gênesis 3:15) é o primeiro vislumbre do plano de Deus para restaurar a harmonia perdida. Essa promessa aponta para Jesus Cristo, que reconciliaria a Humanidade com Deus por meio de Sua vida, morte e ressurreição.

Ao longo das Escrituras, vemos o desejo de Deus de restaurar a comunhão com Seu povo. Desde a aliança com Abraão até a revelação de Sua presença no tabernáculo e no templo, Deus continuamente buscou maneiras de habitar com a Humanidade. Cada um desses passos foi um prenúncio do cumprimento final desse desejo em Cristo.

Jesus Cristo é a manifestação suprema do desejo de Deus de comunhão eterna com a Humanidade. Por meio de Sua encarnação, Ele habitou entre nós, restaurando o que foi perdido no Éden. Sua morte na cruz abriu o caminho para que os crentes pudessem novamente desfrutar da comunhão direta com Deus, que será plenamente realizada na nova criação.

A harmonia original no Éden nos aponta para o futuro. Em Apocalipse 21 e 22, são descritos um novo céu e uma nova terra, onde a comunhão entre Deus e a Humanidade será restaurada em sua plenitude. A nova Jerusalém será o lugar onde Deus habitará com Seu povo para sempre, cumprindo o desejo de comunhão eterna que Ele teve desde o princípio.

Essa perspectiva da harmonia restaurada nos convida a viver no presente como cidadãos do Reino de Deus. Apesar de ainda enfrentarmos os efeitos do pecado, somos chamados a buscar a comunhão com Deus, a refletir Seu caráter em nossos relacionamentos e a cuidar da criação com responsabilidade, em antecipação à restauração completa.

A harmonia original no Éden e o desejo de Deus de comunhão eterna nos lembram de que a criação e a redenção têm um propósito final: levar a Humanidade para perto de Deus. Essa verdade não apenas dá significado à história bíblica, mas também nos convida a experimentar a alegria de um relacionamento com o Criador, que nos criou para viver com Ele para sempre.

Reflexões sobre o impacto da queda e a ruptura do propósito eterno

A QUEDA DO HOMEM, conforme descrita em Gênesis 3, trouxe uma ruptura profunda no propósito eterno de Deus para a Humanidade. Criados para viver em comunhão eterna com o Criador, Adão e Eva desobedeceram ao único mandamento dado por Deus, resultando em uma separação espiritual que impactou não apenas suas vidas, mas toda a criação. Esse evento marca o início do conflito entre a vontade de Deus e as consequências do pecado.

O propósito eterno de Deus para a Humanidade era viver em harmonia, refletindo Sua glória e desfrutando de uma vida plena. A queda interrompeu essa comunhão. O ato de desobediência de Adão e Eva foi mais do que uma transgressão moral; foi uma rejeição da soberania divina e uma tentativa de alcançar independência de Deus. Esse rompimento afetou todas as dimensões da existência humana.

Um dos impactos imediatos da queda foi a separação espiritual. Antes, Adão e Eva desfrutavam de um relacionamento íntimo com Deus, mas, após o pecado, esconderam-se de Sua presença. Esse afastamento simboliza a ruptura da comunhão que deveria ter sido eterna. A separação espiritual trouxe o medo, a vergonha e a culpa, emoções que não faziam parte do plano original de Deus.

Outro impacto significativo foi a introdução da morte no mundo. Deus havia advertido que, no dia em que comessem do fruto proibido, certamente morreriam. A morte física tornou-se inevitável, mas, mais do que isso, a morte espiritual – a separação de Deus – foi a consequência mais grave. Essa condição de morte espiritual passou a toda a Humanidade, conforme Paulo escreve em Romanos 5:12.

A queda também distorceu os relacionamentos humanos. Adão e Eva, que antes viviam em harmonia, passaram a se culpar mutuamente pelo pecado. O casamento, que deveria ser uma união de cooperação e amor, foi afetado pela luta por controle e domínio. Esse impacto se estendeu para todos os relacionamentos, marcando a Humanidade com conflitos e divisões.

O impacto da queda ainda foi sentido na criação. Deus amaldiçoou a Terra, tornando o trabalho de Adão árduo e cheio de frustrações. A harmonia entre o homem e a natureza foi quebrada, resultando em um mundo sujeito à corrupção e ao sofrimento. Paulo descreve em Romanos 8:22 que a criação geme, aguardando sua redenção.

Apesar dessa ruptura, o propósito eterno de Deus não foi abandonado. Logo após a queda, Ele revelou Seu plano redentor ao prometer a semente da mulher que esmagaria a cabeça da serpente (Gênesis 3:15). Essa promessa inicial aponta para Jesus Cristo, o Redentor que viria para restaurar a comunhão entre Deus e a Humanidade e reverter os efeitos do pecado.

O impacto da queda também nos ensina sobre a seriedade do pecado e suas consequências. A transgressão de um único mandamento trouxe devastação à criação inteira. Isso nos lembra de que o pecado nunca é isolado em seus efeitos; ele sempre afeta o relacionamento com Deus, com outros e com a criação.

A ruptura causada pela queda não significa que o propósito eterno de Deus foi frustrado, mas que o plano de redenção se tornou necessário. Deus, em Sua graça, começou a trabalhar para restaurar o que foi perdido. Através de Jesus Cristo, a comunhão eterna com Deus é novamente possível, e o propósito original de refletir Sua glória pode ser cumprido.

A cruz é o ponto central no qual o impacto da queda encontra a solução divina. Jesus, como o segundo Adão, viveu em perfeita obediência, assumiu o peso do pecado da Humanidade e reconciliou os crentes com Deus. Através de Sua morte e ressurreição, Ele trouxe vida onde antes havia morte e restaurou a possibilidade de comunhão eterna.

A esperança da restauração plena é central para a visão cristã. São descritos, assim, em Apocalipse 21 e 22 um novo céu e uma nova terra, onde não haverá mais maldição, morte ou separação. Essa visão não apenas aponta para o futuro, mas nos chama a viver no presente com a expectativa de que Deus está trabalhando para redimir toda a criação.

O impacto da queda, portanto, nos desafia a refletir sobre nossa dependência de Deus. A tentativa de independência de Adão e Eva resultou em destruição; no entanto, a submissão à soberania de Deus, como vemos em Cristo, conduz à vida eterna. Essa lição nos chama a buscar a reconciliação com Deus e a viver de acordo com Seus propósitos.

Refletir sobre o impacto da queda nos leva a compreender melhor a profundidade do amor de Deus. Apesar da rebelião humana, Ele não abandonou Sua criação. Seu plano redentor demonstra que, mesmo diante da tragédia, Seu propósito eterno permanece firme, oferecendo esperança de restauração e comunhão eterna para aqueles que confiam n'Ele.

CAPÍTULO 2

A promessa da vida eterna no Antigo Testamento

A vida eterna implícita em passagens como Salmos 16:11 e Isaías 26:19

A VIDA ETERNA, EMBORA plenamente revelada no Novo Testamento, é um tema que permeia as Escrituras desde o Antigo Testamento. Em passagens como Salmos 16:11 e Isaías 26:19, encontramos referências claras à esperança de continuidade da vida em comunhão com Deus, apontando para a eternidade como parte do plano divino para os justos.

No Salmo 16:11, Davi escreve: "Far-me-ás ver a vereda da vida; na tua presença há fartura de alegrias; à tua mão direita há delícias perpetuamente". Essa declaração expressa confiança na orientação de Deus na vida terrena, assim como aponta para uma experiência de alegria e plenitude eternas na presença divina. A expressão "delícias perpetuamente" sugere a existência de uma vida que transcende os limites temporais.

Davi, ao declarar que encontrará a "vereda da vida," revela a crença de que Deus é a fonte de uma vida abundante e eterna. Essa confiança repousa na ideia de que a comunhão com Deus não se limita ao presente, mas se estende para além da morte. A vida eterna, implícita aqui, é descrita como um estado de plenitude e alegria na presença de Deus.

Isaías 26:19, por sua vez, apresenta uma promessa explícita de ressurreição: "Os teus mortos e também o meu cadáver viverão e ressuscitarão; despertai e exultai, os que habitais no pó, porque o teu orvalho será como o orvalho das ervas, e a terra lançará de si os mortos". Essa visão profética expressa uma mensagem de esperança, afirmando que a morte não é o fim para o povo de Deus.

A linguagem de Isaías 26:19 reflete a certeza de que Deus tem poder sobre a morte. A metáfora do orvalho, que traz renovação e vida à vegetação seca, simboliza a intervenção divina para restaurar a vida daqueles que estavam no pó. Essa promessa aponta para a ressurreição como parte do plano eterno de Deus para os justos.

Ambas as passagens compartilham a convicção de que a presença de Deus é a essência da vida eterna. No Salmo 16, a comunhão com Ele é descrita como uma fonte de alegria perpétua. Em Isaías 26, é o poder de Deus que traz os mortos de volta à vida, reafirmando que a eternidade está intrinsecamente ligada ao relacionamento com o Criador.

Essas promessas de vida eterna no Antigo Testamento não são apenas conceitos abstratos, mas refletem uma esperança concreta para o povo de Deus. Elas mostram que, mesmo diante das dificuldades e da morte, há uma expectativa de continuidade da vida em uma realidade renovada pela presença divina.

Além disso, essas passagens apontam para a obra redentora que seria plenamente realizada em Cristo. A ressurreição prometida em Isaías é um prenúncio da ressurreição de Jesus, que inauguraria uma nova era de vida eterna para todos os que creem. O Salmo 16:11, citado por Pedro em Atos 2:25-28, também é entendido como uma profecia sobre a ressurreição de Cristo.

A ideia de vida eterna no Antigo Testamento não está desconectada do Novo Testamento, serve como uma base para sua revelação mais ampla. A ressurreição de Cristo, como cumprimento dessas promessas, confirma que a esperança de vida eterna é uma realidade para aqueles que confiam em Deus.

Essas passagens ainda nos convidam a refletir sobre como vivemos no presente. Se a vida eterna é encontrada na presença de Deus, isso significa que podemos começar a experimentá-la agora por meio de um relacionamento com Ele. Essa comunhão com Deus é a essência da vida que nunca termina.

A confiança expressa em Salmos 16:11 e Isaías 26:19 nos lembra de que a morte não é uma barreira para o poder de Deus. Ele é soberano sobre a vida e a morte, e Sua promessa de vida eterna nos dá força para enfrentar os desafios da vida presente com esperança e fé.

Esses textos do Antigo Testamento revelam o caráter de Deus como um Criador que deseja compartilhar Sua eternidade com a Humanidade. Ele não apenas nos deu a vida, Ele nos oferece a chance de viver em comunhão eterna, participando de Sua glória e Seu amor.

Assim, refletir sobre a vida eterna implícita nessas passagens nos ajuda a compreender que a esperança cristã está firmemente enraizada nas promessas de Deus desde o princípio. Essa esperança nos chama a viver com propósito, sabendo que o que Deus planejou para nós é muito maior do que podemos imaginar.

As profecias de ressurreição e restauração em Ezequiel 37 e Daniel 12:2

As profecias de ressurreição e restauração em Ezequiel 37 e Daniel 12:2 são marcos na revelação bíblica sobre a esperança de vida além da morte. Esses textos, embora situados em contextos históricos específicos, apontam para o plano eterno de Deus de redimir e restaurar tanto Seu povo quanto a criação, garantindo que a morte e o exílio não são o fim da história.

Ezequiel 37 apresenta a visão do vale de ossos secos, onde o profeta é levado a um cenário de desolação. Deus o instrui a profetizar sobre os ossos; e, à medida que Ezequiel fala, os ossos se juntam, ganham carne e pele e, finalmente, recebem o fôlego de vida. Essa visão poderosa simboliza a restauração do povo de Israel, que estava em exílio, mas também transcende para uma mensagem mais ampla de ressurreição e renovação espiritual.

O fôlego de vida que Deus sopra nos ossos secos remete ao sopro que deu vida a Adão em Gênesis 2:7. Indica que a ressurreição prometida não é apenas uma restauração física, mas um renascimento espiritual. Deus promete dar ao Seu povo um novo espírito e trazê-lo de volta à terra prometida, reafirmando Sua aliança com ele.

Daniel 12:2 complementa essa visão ao apresentar uma profecia direta sobre a ressurreição dos mortos. O texto declara: "E muitos dos que dormem no pó da terra ressuscitarão, uns para a vida eterna, e outros para vergonha e desprezo eterno". Essa é uma das primeiras declarações claras na Bíblia sobre a ressurreição final, apontando para um julgamento futuro que determinará o destino eterno de cada pessoa.

Essa profecia em Daniel insere a ressurreição em um contexto escatológico, no qual Deus estabelece Seu Reino eterno. A promessa de ressurreição não é individual, mas coletiva, envolvendo o destino de toda a Humanidade e o cumprimento do plano de Deus para a história. A menção de vida eterna e vergonha eterna enfatiza que as decisões humanas e o relacionamento com Deus têm implicações eternas.

Ambas as passagens destacam, portanto, o poder soberano de Deus sobre a vida e a morte. Em Ezequiel, Deus pergunta: "porventura viverão estes ossos?". A resposta implícita é que apenas Deus pode trazer vida a uma situação de morte e desolação. Em Daniel, a ressurreição dos mortos é um ato direto da intervenção divina, mostrando que Ele é o Senhor do tempo e da eternidade.

Essas profecias também têm um caráter consolador. Para os israelitas em exílio, a visão de Ezequiel era uma garantia de que Deus não os havia abandonado. Em Daniel, a promessa de ressurreição oferecia esperança a um povo sob perseguição, lembrando-os de que a fidelidade a Deus seria recompensada, mesmo que custasse a vida terrena. O simbolismo da restauração em Ezequiel 37 ainda aponta para o papel do Espírito Santo na renovação da vida espiritual. Deus declara que colocará Seu Espírito dentro de Seu povo, permitindo que viva novamente. Essa promessa é ampliada no Novo Testamento, no qual o Espírito Santo é descrito como penhor da ressurreição e vida eterna para os crentes.

Destaca-se que as duas passagens não apenas olham para o futuro, mas também desafiam o presente. Elas convocam o povo de Deus a viver com a certeza de Sua fidelidade e a preparar-se para a restauração vindoura. Tanto em Ezequiel quanto em Daniel, há uma ênfase na soberania de Deus, que cumpre Suas promessas apesar das circunstâncias adversas.

Essas profecias servem como precursores do ensino de Jesus sobre a ressurreição. Cristo frequentemente falou sobre a ressurreição dos mortos e Se apresentou como a própria ressurreição e vida. Ele cumpriu essas promessas ao ressuscitar dos mortos, tornando-se o primogênito dentre os que dormem e inaugurando a nova criação prometida.

A visão de Ezequiel e a profecia de Daniel apontam para o propósito final de Deus de restaurar todas as coisas. A ressurreição não é somente uma questão de vida física, e sim de renovação completa: espiritual, relacional e cósmica. Elas nos lembram de que a obra redentora de Deus abrange cada aspecto da existência.

Essas passagens nos convidam a refletir sobre nossa esperança. A certeza da ressurreição nos dá força para perseverar diante das dificuldades e coragem para viver em fidelidade a Deus, sabendo que Ele tem poder para restaurar até mesmo aquilo que parece perdido.

Ezequiel 37 e Daniel 12:2 são declarações poderosas de que Deus está ativamente trabalhando para cumprir Seu propósito eterno. Apontam para uma esperança que transcende a morte, fundamentada na fidelidade de Deus e em Seu poder de restaurar e redimir, garantindo que Sua obra será completa e perfeita na eternidade.

O papel da aliança de Deus com Israel na preparação para a redenção eterna

O PAPEL DA ALIANÇA de Deus com Israel foi fundamental na preparação para a redenção eterna, servindo como a base do relacionamento de Deus com Seu povo e apontando para o plano redentor que seria plenamente realizado em Cristo. Desde o início, as alianças revelam o compromisso de Deus em resgatar a Humanidade e restaurar a comunhão perdida no Éden.

A aliança com Abraão foi o primeiro grande passo nesse plano redentor. Deus prometeu a Abraão que, por meio de sua descendência, todas as nações da Terra seriam abençoadas (Gênesis 12:3). Essa promessa estabeleceu a relação especial entre Deus e Israel, assim como apontou para a vinda do Messias, o descendente de Abraão que traria redenção a toda a Humanidade.

O pacto mosaico, estabelecido no Monte Sinai, revelou o caráter santo de Deus e Seu desejo de habitar entre o Seu povo. Por meio da Lei, Deus ensinou a Israel como viver em obediência e refletir Sua santidade. Esse relacionamento exclusivo não era um fim em si mesmo, mas uma preparação para o plano eterno de redenção, mostrando a necessidade de um Salvador que cumprisse perfeitamente a Lei.

A aliança com Davi foi outra etapa importante na preparação para a redenção eterna. Deus prometeu a Davi que sua descendência reinaria para sempre (2 Samuel 7:12-16). Essa promessa foi cumprida em Jesus Cristo, o Filho de Davi, cujo Reino não terá fim. A aliança davídica reafirma que o plano de Deus é eterno e centrado em Sua fidelidade, não nos méritos humanos.

A repetição e renovação das alianças ao longo da história de Israel mostram a persistência do amor de Deus, mesmo diante da infidelidade do povo. Israel frequentemente quebrou sua parte no pacto, mas Deus continuou fiel, renovando Suas promessas e demonstrando que a redenção eterna não depende da perfeição humana, senão de Sua graça.

Os sacrifícios instituídos na aliança mosaica também desempenharam um papel crucial na preparação para a redenção eterna. O sistema sacrificial apontava para a necessidade de expiação do pecado e prefigurava o sacrifício definitivo de Jesus na cruz. Através desses rituais, Deus ensinou Seu povo sobre a seriedade do pecado e a necessidade de um mediador. Os profetas foram instrumentos de Deus para revelar como as alianças se conectavam ao plano eterno de redenção. Isaías, Jeremias e Ezequiel anunciaram a vinda de um novo pacto, superior aos anteriores, que seria escrito no coração do povo e selado pelo Espírito Santo (Jeremias 31:31-34). Esse novo pacto seria inaugurado pelo Messias, trazendo redenção eterna.

A aliança de Deus com Israel ainda serviu como um testemunho para as nações. Israel foi chamado a ser uma luz para os gentios, refletindo o caráter de Deus e proclamando Sua glória. Esse propósito missionário estava diretamente ligado ao plano de Deus de trazer redenção para toda a Humanidade, incluindo os povos fora da aliança inicial.

Jesus Cristo é o cumprimento de todas as alianças de Deus com Israel. Ele é o descendente de Abraão, o Rei da linhagem de Davi e o mediador do novo pacto.

Em Sua vida, morte e ressurreição, Jesus realizou o que era impossível para a Humanidade: cumpriu perfeitamente os requisitos da lei e abriu o caminho para a redenção eterna de todos os que creem.

Portanto, a aliança de Deus com Israel não foi apenas um acordo temporal, mas uma demonstração de Seu compromisso. Ela preparou o palco para a vinda de Cristo, revelando a necessidade de um Salvador e mostrando que Deus estava disposto a agir em favor do Seu povo para garantir sua redenção.

A redenção eterna prometida nas alianças de Deus com Israel nos ensina sobre o caráter d'Ele, que é fiel, misericordioso e paciente, cumprindo Suas promessas apesar da infidelidade humana. Essa fidelidade divina é a base de nossa esperança na salvação eterna.

Além de preparar para a vinda de Cristo, a aliança de Deus com Israel também aponta para o futuro. Em Apocalipse 21, vemos o cumprimento final do propósito eterno de Deus: um novo céu e uma nova terra, onde Ele habitará com Seu povo para sempre. Essa visão é a consumação de todas as promessas feitas ao longo das Escrituras.

O papel da aliança de Deus com Israel na preparação para a redenção eterna é central para a história da salvação. Ela revela o plano soberano de Deus, que sempre teve como objetivo levar a Humanidade de volta à comunhão com Ele. Cada etapa desse plano demonstra Sua graça, Seu amor e Seu compromisso com Seu povo, culminando na obra redentora de Cristo.

Reflexões sobre o Messias como o cumprimento da promessa de vida eterna

O MESSIAS É O cumprimento da promessa de vida eterna, revelada desde os primórdios das Escrituras e plenamente realizada em Jesus Cristo. A expectativa messiânica, presente em várias alianças e profecias do Antigo Testamento, encontra sua plenitude na obra de Cristo, que veio para derrotar o pecado e a morte e restaurar a comunhão eterna entre Deus e a Humanidade.

Desde Gênesis 3:15, quando Deus prometeu a semente da mulher que esmagaria a cabeça da serpente, a figura do Messias surgiu como a solução para a separação causada pelo pecado. Essa promessa inicial aponta para um Redentor que traria restauração e vida, estabelecendo um plano eterno que transcenderia os efeitos da queda.

As alianças de Deus com Abraão, Davi e Israel reforçam essa promessa de vida eterna. Em Abraão, Deus prometeu que todas as nações seriam abençoadas por meio de sua descendência (Gênesis 12:3). Tal bênção culmina em Jesus, o descendente prometido que veio não apenas para Israel, mas para trazer vida eterna a todos os que creem.

O papel do Messias também é destacado nas profecias de Isaías, que apontam para um servo sofredor que carregaria o pecado do mundo. Em Isaías 53:5, lemos: "Mas ele foi ferido por causa das nossas transgressões, e moído por causa das nossas iniquidades". Esse sacrifício vicário é a base para a vida eterna, pois por meio d'Ele o pecado é expiado e a comunhão com Deus é restaurada.

Daniel 7:13-14 apresenta o Messias como o Filho do Homem que receberia um reino eterno. Essa visão conecta a obra redentora de Jesus com o estabelecimento de um reino que não terá fim. A vida eterna prometida não é apenas individual, mas parte de um plano cósmico no qual Cristo reina com Seu povo para sempre.

No Novo Testamento, Jesus Se apresenta como o cumprimento dessas promessas messiânicas. Em João 11:25, Ele declara: "Eu sou a ressurreição e a vida;

quem crê em mim, ainda que esteja morto, viverá". Essa afirmação não apenas confirma Sua identidade como Messias, mas também estabelece que a vida eterna está intrinsecamente ligada a Ele.

A cruz e a ressurreição são o clímax da obra messiânica de Jesus. Na cruz, Ele assumiu a pena do pecado, abrindo o caminho para a reconciliação com Deus. Sua ressurreição garantiu a vitória sobre a morte, demonstrando que a vida eterna não é apenas uma promessa, mas uma realidade para todos os que confiam n'Ele.

A promessa de vida eterna não é para o futuro; ela começa no presente por meio de um relacionamento com Cristo. Em João 17:3, Jesus define a vida eterna como "que te conheçam, a ti só, por único Deus verdadeiro, e a Jesus Cristo, a quem enviaste". Esse conhecimento não é meramente intelectual, mas um relacionamento íntimo e transformador.

O Espírito Santo desempenha um papel essencial na aplicação dessa promessa. Ele é descrito como o penhor da nossa herança (Efésios 1:13-14), garantindo que a vida eterna já começou e será consumada na presença de Deus. O Espírito nos capacita a viver com a certeza da eternidade enquanto aguardamos a plena realização dessa promessa.

A vida eterna em Cristo também transforma a maneira como enfrentamos a morte e o sofrimento. Paulo escreve em 1 Coríntios 15:55-57 que a morte foi derrotada por meio de Cristo. Essa vitória nos dá esperança e coragem para enfrentar as dificuldades, sabendo que o Messias já conquistou a eternidade para nós.

A promessa de vida eterna em Cristo é inclusiva, estendendo-se a todas as pessoas. Em Apocalipse 7:9-10, temos uma visão de pessoas de todas as nações, tribos, povos e línguas diante do trono de Deus. Isso reflete o alcance universal da obra messiânica, cumprindo a promessa de Abraão de que todas as nações seriam abençoadas.

O Messias traz a promessa de vida eterna, mas também nos chama a viver com propósito no presente. Ele nos convida a compartilhar essa esperança com o mundo, proclamando que a vida eterna está disponível em Cristo. Esse chamado missionário é parte integral de nosso papel como participantes do Reino de Deus.

Refletir sobre o Messias como o cumprimento da promessa de vida eterna nos enche de gratidão e esperança. Ele é a garantia de que a vida abundante e eterna que Deus prometeu desde o início está acessível a todos que colocam sua fé n'Ele. Jesus é a concretização do plano redentor de Deus, e Sua obra nos convida a viver com alegria e propósito, sabendo que a eternidade nos aguarda em Sua presença.

O MESSIAS TRAZ A PROMESSA DE VIDA ETERNA, MAS TAMBÉM NOS CHAMA A VIVER COM PROPÓSITO NO PRESENTE.

CAPÍTULO 3

Jesus Cristo: o caminho para a eternidade

Declarações de Jesus sobre a vida eterna (João 3:16; 14:6)

AS DECLARAÇÕES DE JESUS sobre a vida eterna, especialmente em passagens como João 3:16 e 14:6, estão no coração da mensagem cristã. Elas revelam a essência do plano redentor de Deus, oferecendo uma esperança que transcende a morte e uma garantia de comunhão eterna com o Criador para todos os que creem. Em João 3:16, Jesus afirma: "Porque Deus amou o mundo de tal maneira que deu o seu Filho unigênito, para que todo aquele que nele crê não pereça, mas tenha a vida eterna". Essa declaração destaca o amor de Deus como a motivação central para a oferta da vida eterna. O dom de Seu Filho é a prova suprema desse amor e o meio pelo qual a Humanidade pode alcançar a salvação.

A vida eterna, como apresentada por Jesus, não é algo que possamos conquistar por nossos próprios esforços. É um presente de Deus, acessível somente por meio da fé em Cristo. A expressão "todo aquele que nele crê" enfatiza a universalidade dessa oferta, que está disponível para todos, independentemente de origem, condição ou passado.

A promessa de vida eterna implica a superação da morte espiritual e física. Quando Jesus declara que aqueles que creem n'Ele "não perecerão", Ele garante que a separação eterna de Deus, consequência do pecado, é vencida por Sua obra redentora. A vida eterna não é apenas uma duração infinita de existência, mas uma qualidade de vida em comunhão com Deus.

Em João 14:6, Jesus declara: "Eu sou o caminho, a verdade e a vida; ninguém vem ao Pai, senão por mim". Aqui, Ele não apenas reafirma a promessa de vida eterna, mas deixa claro que Ele é o único mediador entre Deus e a Humanidade. Não há outro caminho para o Pai além de Cristo, o que sublinha a centralidade de Sua obra redentora.

A declaração "Eu sou a vida" aponta para a fonte da vida eterna. Jesus oferece a vida; Ele é a própria vida. Com Ele, encontramos o cumprimento de todas as promessas de Deus sobre redenção e renovação, pois Ele é a personificação da verdade divina e o único capaz de nos reconciliar com o Pai.

Essas afirmações de Jesus revelam a natureza relacional da vida eterna. Em João 17:3, Jesus define a vida eterna como "te conheçam, a ti só, por único Deus verdadeiro, e a Jesus Cristo, a quem enviaste". Esse conhecimento não é apenas intelectual, mas uma comunhão íntima e contínua com Deus, que começa no presente e se estende para a eternidade.

Jesus apresenta a vida eterna como uma esperança futura, assim como uma realidade que começa aqui e agora. Aqueles que creem n'Ele já experimentam a vida eterna no sentido de uma nova relação com Deus, marcada pela presença do Espírito Santo e pela transformação de seus corações e suas mentes.

Ao longo de Seu ministério, Jesus reiterou a certeza da vida eterna para os que O seguiam. Ele prometeu em João 10:28: "E dou-lhes a vida eterna, e nunca hão de perecer, e ninguém as arrebatará da minha mão". Essa garantia nos oferece segurança e conforto, sabendo que a vida eterna não pode ser perdida, pois está fundamentada na fidelidade de Deus.

Essas declarações, assim, têm implicações práticas para a vida dos crentes. Saber que a vida eterna é garantida em Cristo transforma a maneira como enfrentamos as dificuldades do presente. A promessa de uma comunhão eterna com Deus nos dá força, coragem e propósito, mesmo em meio às adversidades.

As palavras de Jesus nos desafiam a compartilhar essa mensagem com o mundo. Em João 3:16, o amor de Deus é demonstrado para toda a Humanidade, e os seguidores de Cristo são chamados a proclamar essa boa nova. A certeza da vida eterna deve nos motivar a viver como testemunhas de Sua graça e verdade.

As declarações de Jesus sobre a vida eterna apontam para o futuro, e também moldam nossa perspectiva no presente. Elas nos chamam a confiar plenamente n'Ele, viver com esperança e nos comprometer com o Seu Reino, sabendo que a vida que Ele oferece é abundante, completa e eterna.

Essas promessas, centradas na pessoa e obra de Cristo, nos lembram de que a vida eterna não é um destino distante, senão uma realidade presente para aqueles que confiam em Jesus. Ele é o caminho que nos conduz ao Pai, a verdade que nos liberta e a vida que nos sustenta, agora e para sempre.

A cruz e a ressurreição como o ponto de virada na história da redenção

A cruz e a ressurreição de Jesus Cristo são o ponto de virada central na história da redenção, marcando o cumprimento do plano eterno de Deus para restaurar a Humanidade. Esses eventos, interligados, representam a vitória sobre o pecado e a morte, oferecendo reconciliação com Deus e a esperança de vida eterna para todos os que creem. Na cruz, vemos a justiça e o amor de Deus se encontrarem. O pecado da Humanidade, que trouxe separação de Deus, exigia uma penalidade justa. Jesus, como o Cordeiro perfeito, assumiu o peso do pecado do mundo, satisfazendo a justiça divina. Isaías 53:5 descreve isso claramente: "Ele foi ferido por causa das nossas transgressões, e moído pelas nossas iniquidades; o castigo que nos traz a paz estava sobre ele".

A cruz não é somente um símbolo de sacrifício, mas de substituição. Jesus morreu em nosso lugar, carregando a culpa que era nossa. Paulo escreve em 2 Coríntios 5:21: "Aquele que não conheceu pecado, o fez pecado por nós; para que nele fôssemos feitos justiça de Deus". Esse ato de substituição nos garante a reconciliação com Deus.

Ao entregar Sua vida, Jesus declarou: "Está consumado" (João 19:30). Essas palavras não indicam derrota, mas o cumprimento do propósito redentor de Deus. Tudo o que era necessário para a salvação foi realizado na cruz, e o caminho para a reconciliação com Deus foi aberto.

A ressurreição, por sua vez, é a confirmação da vitória de Cristo sobre o pecado e a morte. Se a cruz pagou a dívida, a ressurreição foi o selo de aprovação de Deus, demonstrando que o sacrifício de Jesus foi aceito. Paulo afirma em Romanos 4:25: "O qual por nossos pecados foi entregue, e ressuscitou para nossa justificação".

A ressurreição é o fundamento da fé cristã. Paulo declara em 1 Coríntios 15:17: "E, se Cristo não ressuscitou, é vã a vossa fé, e ainda permaneceis nos vossos pecados". A ressurreição não apenas valida a cruz, mas garante a promessa de vida eterna para aqueles que confiam em Cristo.

Por meio da ressurreição, Jesus inaugura uma nova era na história da redenção. Ele é chamado de o "primogênito dentre os mortos" (Colossenses 1:18), o primeiro a experimentar a ressurreição gloriosa que aguarda todos os que pertencem a Ele. Sua vitória sobre a morte garante a esperança de que a morte não é o fim para os crentes.

A cruz e a ressurreição, assim, marcam a derrota das forças do mal. Colossenses 2:15 diz: "E, despojando os principados e potestades, os expôs publicamente e deles triunfou em si mesmo". O que parecia ser uma vitória de Satanás foi, na verdade, sua derrota final.

Esses eventos transformam a nossa relação com Deus. A cruz removeu a barreira do pecado, e a ressurreição abriu o caminho para que tivéssemos acesso direto ao Pai. O véu do templo rasgado no momento da morte de Jesus simboliza essa nova realidade, na qual podemos nos aproximar de Deus com confiança.

Portanto a cruz e a ressurreição redefinem a maneira como os crentes enfrentam o sofrimento e a morte. Se Cristo venceu a morte, nós também podemos ter esperança em meio às dificuldades, sabendo que a vitória final já foi conquistada. A ressurreição nos assegura que nosso sofrimento é temporário e que a glória eterna nos aguarda. Esses eventos são um chamado à transformação. A cruz nos convida a morrer para o pecado, enquanto a ressurreição nos chama a viver uma nova vida em Cristo. Em Romanos 6:4, afirma-se que "assim andemos nós também em novidade de vida", ou seja, vivendo como testemunhas da obra redentora de Jesus.

A cruz e a ressurreição são o coração da missão da igreja. A mensagem do evangelho é centrada nesses eventos, e o chamado dos crentes é proclamar a boa nova de que, por meio de Jesus, a salvação está disponível para todos. Essa missão reflete o propósito redentor de Deus para toda a criação.

A ressurreição garante a nossa salvação, e também aponta para a restauração futura de todas as coisas. Em Apocalipse 21, temos a visão de um novo céu e uma nova terra, onde a morte e o sofrimento serão eliminados para sempre. Essa promessa é possível porque Jesus venceu a morte.

Tais eventos não foram somente históricos, têm implicações eternas. A cruz e a ressurreição conectam o passado, o presente e o futuro, mostrando que o plano de redenção de Deus é completo e perfeito. Eles garantem que aqueles que estão em Cristo já têm uma nova identidade e um destino seguro.

A cruz e a ressurreição de Jesus são o ponto culminante da história bíblica e o fundamento da esperança cristã. Elas oferecem a redenção, nos convidam a viver à luz dessa vitória, confiando no poder de Deus para transformar nossas vidas e o mundo ao nosso redor.

A união com Cristo como a garantia da vida eterna (João 17:3)

A UNIÃO COM CRISTO é a essência e a garantia da vida eterna. Em João 17:3, Jesus define claramente a vida eterna: "E a vida eterna é esta: que te conheçam, a ti só, por único Deus verdadeiro, e a Jesus Cristo, a quem enviaste". Essa declaração mostra que a vida eterna não é apenas uma existência contínua, mas um relacionamento íntimo e transformador com Deus, mediado por Cristo.

Tal união com Cristo começa no momento em que uma pessoa deposita sua fé n'Ele. Ao crer, o indivíduo é unido a Jesus de maneira espiritual, tornando-se participante de Sua morte, ressurreição e vida. Em Romanos 6:5, Paulo escreve: "Porque, se fomos plantados juntamente com ele na semelhança da sua morte, também o seremos na da sua ressurreição". Essa união garante que a morte não tem poder final sobre os que estão em Cristo.

A união com Cristo é fundamentada na obra redentora realizada na cruz e confirmada pela ressurreição. Jesus tomou sobre Si o peso do pecado e venceu a morte, tornando possível que aqueles que confiam n'Ele sejam reconciliados com Deus, de forma não simplesmente legal, mas relacional, permitindo uma comunhão contínua com o Criador.

Nosso relacionamento é fortalecido pelo Espírito Santo, que habita nos crentes como penhor da herança eterna. O Espírito Santo sela nossa união com Cristo, e também nos transforma à Sua imagem, preparando-nos para a plenitude da vida eterna. Em Efésios 1:14, Paulo descreve o Espírito como "o penhor da nossa herança, para redenção da possessão adquirida, para louvor da sua glória".

A união com Cristo, então, significa que tudo o que pertence a Ele também pertence aos crentes. Essa verdade é encapsulada em Romanos 8:17: "E, se nós somos filhos, somos logo herdeiros também, herdeiros de Deus e coerdeiros de Cristo". A vida eterna é, portanto, não apenas uma promessa futura, mas uma realidade presente para aqueles que compartilham da vida de Cristo.

Essa realidade transforma a maneira como vivemos no presente. Saber que estamos unidos a Cristo nos chama a uma vida de santidade, amor e serviço. Paulo exorta os crentes em Colossenses 3:1-2: "Portanto, se já ressuscitastes com Cristo, buscai as coisas que são de cima, onde Cristo está assentado à destra de Deus. Pensai nas coisas que são de cima, e não nas que são da terra".

A união com Cristo oferece consolo em tempos de sofrimento. Sabemos que, assim como participamos de Seus sofrimentos, também participaremos de Sua glória. Em 2

Timóteo 2:11-12, Paulo escreve: "Se morrermos com ele, também com ele viveremos; se sofrermos, também com ele reinaremos". Essa perspectiva nos dá coragem para enfrentar desafios com esperança. A garantia da vida eterna em Cristo é inabalável porque está fundamentada em Sua fidelidade e Seu poder. Jesus promete em João 10:28: "E dou-lhes a vida eterna, e nunca hão de perecer, e ninguém as arrebatará da minha mão". Essa segurança eterna repousa na natureza imutável de Deus e na obra completa de Cristo.

A união com Cristo ainda redefine a morte para os crentes. Em Filipenses 1:21, Paulo declara: "Porque para mim o viver é Cristo, e o morrer é ganho". Para aqueles que estão unidos a Jesus, a morte não é o fim, mas a entrada na presença plena de Deus, em que a vida eterna será experimentada em sua totalidade.

Essa união tem implicações comunitárias. Não estamos somente unidos a Cristo individualmente, mas como corpo, igreja. A comunhão entre os crentes reflete essa realidade espiritual, pois todos compartilham da mesma vida em Cristo. Esse vínculo nos chama a viver em unidade e amor, como expressão da nova vida que possuímos.

A promessa de vida eterna em Cristo nos desafia a compartilhar essa boa nova com o mundo. Saber que a união com Cristo garante a vida eterna nos motiva a proclamar o evangelho, convidando outros a entrar nesse relacionamento transformador e eterno com Deus.

A união com Cristo nos assegura que nada pode nos separar do amor de Deus. Em Romanos 8:38-39,

Paulo declara: "Porque estou certo de que, nem a morte, nem a vida, [...] nem alguma outra criatura nos poderá separar do amor de Deus, que está em Cristo Jesus, nosso Senhor". Essa verdade nos dá paz e confiança diante de qualquer circunstância.

A união com Cristo como garantia da vida eterna não é apenas uma doutrina a ser compreendida, mas uma realidade a ser vivida. Ela transforma nossa identidade, nosso propósito e nosso destino, convidando-nos a experimentar a plenitude da vida em Deus agora, com a certeza de que essa comunhão será aperfeiçoada na eternidade.

Reflexões sobre como a vida eterna começa agora em Cristo

A vida eterna, frequentemente associada ao futuro, começa agora para aqueles que estão em Cristo. Em João 17:3, Jesus define a vida eterna como conhecer a Deus e a Si mesmo. Esse conhecimento não é apenas intelectual, mas um relacionamento íntimo e transformador, que se inicia no momento em que depositamos nossa fé n'Ele. Tal entendimento muda nossa perspectiva sobre a vida eterna, trazendo-a para o presente.

Estar em Cristo significa viver em comunhão com Deus aqui e agora. Através do Espírito Santo, os crentes experimentam a presença de Deus diariamente.

Em Romanos 8:11, Paulo afirma que o Espírito, que ressuscitou Jesus dentre os mortos, habita nos crentes e dá vida a seus corpos mortais. Essa habitação do Espírito é uma antecipação da plenitude da vida eterna.

A vida eterna é caracterizada por uma transformação interior. O Espírito Santo trabalha no coração dos crentes, moldando-os à imagem de Cristo. Em 2 Coríntios 5:17, Paulo escreve: "Assim que, se alguém está em Cristo, nova criatura é; as coisas velhas já passaram; eis que tudo se fez novo". Essa renovação aponta para o fato de que a vida eterna não começa apenas no futuro, mas já está em ação.

A vida eterna em Cristo também redefine nosso propósito. Não vivemos para nós mesmos, mas para glorificar Deus e refletir Seu amor ao mundo. Em Gálatas 2:20, Paulo declara: "Já estou crucificado com Cristo; e vivo, não mais eu, mas Cristo vive em mim". Essa nova identidade transforma nosso presente em uma vida cheia de significado e serviço.

A nova vida em Cristo traz paz mesmo em meio às tribulações. Jesus prometeu em João 16:33: "No mundo tereis aflições, mas tende bom ânimo; eu venci o mundo". Saber que a vida eterna já começou nos permite enfrentar os desafios com confiança, porque temos a certeza de que nossa existência está ancorada em algo maior do que as circunstâncias temporais.

A experiência da vida eterna nos permite desfrutar da comunhão com outros crentes. Como corpo de

Cristo, a igreja é uma expressão visível dessa nova vida. Em Atos 2:42-47, vemos a igreja primitiva vivendo em unidade, compartilhando suas vidas e adorando a Deus juntos. Essa comunhão reflete a vida eterna que começa agora e se estende pela eternidade. A vida eterna é alimentada pela Palavra de Deus. Jesus afirmou em João 6:63: "as palavras que eu vos digo são espírito e vida". Meditar nas Escrituras nos conecta com o coração de Deus, renovando nossa mente e fortalecendo nossa fé para viver essa nova realidade.A Palavra é uma fonte constante de vida e direção.

A vida eterna que já começou também é uma vida de missão. Jesus nos chamou a compartilhar o evangelho e a fazer discípulos de todas as nações (Mateus 28:19-20). Viver em Cristo significa participar do Seu propósito redentor, levando outros a experimentar a vida que Ele oferece. Essa missão é uma extensão da vida eterna que habita em nós.

A presença do Espírito Santo em nossas vidas é uma garantia de que a vida eterna não será interrompida pela morte. Em Efésios 1:13-14, Paulo descreve o Espírito como o "penhor da nossa herança". Essa segurança nos dá confiança de que, mesmo quando enfrentarmos a morte, a vida eterna continuará de maneira plena na presença de Deus.

Tal vida ainda nos convida a viver com uma perspectiva celestial. Em Colossenses 3:1-2, Paulo nos exorta a buscar as coisas que são do alto, onde Cristo está assentado. Essa orientação nos ajuda a viver com propósito, investindo em valores que transcendem o tempo e apontam para a eternidade.

Ao viver a vida eterna agora, experimentamos um vislumbre da glória que nos aguarda. Embora ainda enfrentemos as limitações do corpo mortal, temos momentos de comunhão com Deus que nos permitem experimentar Sua presença de maneira profunda. Esses momentos são uma antecipação da comunhão plena e eterna que teremos com Ele.

Viver a vida eterna no presente não significa ignorar os desafios do mundo, mas enfrentá-los com esperança. Em Romanos 8:18, Paulo declara: "as aflições deste tempo presente não são para comparar com a glória que em nós há de ser revelada". Saber que a vida eterna já começou nos permite perseverar, confiantes no propósito maior de Deus.

Portanto, refletir sobre a vida eterna que começa agora em Cristo nos desafia a viver com gratidão, propósito e alegria. A certeza de que já estamos conectados ao Deus eterno transforma nosso presente, dando-nos força para viver como testemunhas de Sua graça e participantes de Seu Reino. Essa realidade nos convida a experimentar, aqui e agora, a plenitude da vida que Ele prometeu.

VIVER A VIDA ETERNA NO PRESENTE NÃO SIGNIFICA IGNORAR OS DESAFIOS DO MUNDO, MAS ENFRENTÁ-LOS COM ESPERANÇA.

CAPÍTULO 4

O Espírito Santo e a vida eterna

O Espírito Santo como penhor da herança eterna (Efésios 1:13-14)

O ESPÍRITO SANTO É descrito em Efésios 1:13-14 como o "penhor da nossa herança", destacando Seu papel central na garantia da vida eterna prometida por Deus. Essa verdade revela o compromisso divino de cumprir Suas promessas e assegurar que os crentes participem da plenitude da redenção.

Ao depositar nossa fé em Cristo, somos selados com o Espírito Santo. Esse selo é uma marca de propriedade, indicando que pertencemos a Deus. Ele confirma que fomos redimidos e que agora vivemos sob o cuidado e a autoridade do Criador. Tal marca é uma garantia da nossa segurança eterna em Cristo.

O conceito de "penhor" usado por Paulo refere-se a um depósito inicial que garante a totalidade de um pagamento futuro. O Espírito Santo é, portanto, a primeira parcela da nossa herança celestial. Sua presença em nossas vidas não é apenas um sinal, mas uma antecipação da plenitude da comunhão eterna que teremos com Deus.

Essa herança eterna inclui a vida abundante com Deus, a ressurreição do corpo e a participação no Reino de Cristo em sua totalidade. O Espírito Santo nos conecta a essas promessas desde agora, permitindo-nos experimentar um vislumbre da glória que será revelada no futuro.

A obra do Espírito em nós também garante que estamos sendo transformados à imagem de Cristo. Em 2 Coríntios 3:18, Paulo explica que, pelo Espírito, "somos transformados de glória em glória". Essa transformação progressiva é parte da preparação para a herança eterna, quando seremos completamente renovados na presença de Deus.

O Espírito Santo em nossas vidas é um constante lembrete da fidelidade de Deus. Ele nos consola, guia e fortalece, confirmando que as promessas de Deus são verdadeiras. Quando enfrentamos dúvidas ou dificuldades, o Espírito é o testemunho interno de que pertencemos a Deus e que nosso destino está seguro em Suas mãos.

O Espírito ainda nos dá poder para viver a nova vida em Cristo. Ele não apenas nos garante a herança futura, mas nos capacita a experimentar a vida eterna no presente. Sua atuação nos permite viver de maneira digna o nosso chamado, refletindo o caráter de Deus ao mundo. A garantia do Espírito Santo nos convida a uma confiança inabalável em Deus. Sabemos que nossa herança não depende somente de nosso desempenho, mas da fidelidade de Deus em cumprir Suas promessas. Essa certeza nos dá paz e segurança, mesmo diante das incertezas da vida.

Logo, o Espírito desempenha um papel crucial em nossa comunhão com Deus. Ele intercede por nós com gemidos inexprimíveis (Romanos 8:26) e nos ajuda a orar conforme a vontade de Deus. Essa comunhão diária com o Espírito é um aspecto da herança eterna que já podemos desfrutar.

Além de ser uma garantia individual, o Espírito Santo une os crentes como um corpo. Ele nos torna membros de uma família espiritual que compartilha da mesma promessa de herança. Essa unidade reflete a obra redentora de Deus e nos prepara para a eternidade, quando viveremos em perfeita comunhão com Ele e uns com os outros.

O papel do Espírito como penhor também reforça nossa responsabilidade de viver como filhos de Deus. Sabendo que pertencemos a Ele e que nossa herança está assegurada, somos chamados a viver em santidade, amor e obediência. Essa vida reflete a transformação que o Espírito realiza em nós.

O testemunho do Espírito em nossas vidas, portanto, é uma mensagem para o mundo. A maneira como vivemos e as evidências do Espírito em nós servem como um convite para que outros conheçam a esperança da herança eterna. O Espírito não apenas nos garante a salvação, mas também nos torna embaixadores do Reino de Deus.

A ideia de penhor aponta para a segurança de que Deus completará Sua obra. Em Filipenses 1:6, afirma-se que "aquele que em vós começou a boa obra a aperfeiçoará até ao dia de Jesus Cristo". O Espírito nos assegura que Deus começou essa obra e a levará à plenitude.

O Espírito Santo como penhor da nossa herança eterna é uma demonstração clara do amor e compromisso de Deus com Seu povo. Ele não apenas nos promete a vida eterna, mas nos dá Sua própria presença como garantia de que essa promessa será cumprida. Essa verdade nos enche de esperança, confiança e gratidão.

A transformação da vida presente pelo poder do Espírito (Romanos 8:11)

A TRANSFORMAÇÃO DA VIDA presente pelo poder do Espírito é um tema central na vida cristã, como destacado em Romanos 8:11. Paulo escreve: "E, se o Espírito daquele que ressuscitou Jesus dentre os mortos habita em vós, aquele que ressuscitou a Cristo dentre os mortos também vivificará os vossos corpos mortais pelo seu Espírito que em vós habita". Essa promessa não se refere somente à ressurreição futura, mas à renovação da vida presente.

O Espírito Santo, que ressuscitou Jesus, habita em cada crente, trazendo nova vida e novo poder. Essa presença transforma a existência humana ao restaurar o relacionamento com Deus, renovando a mente e capacitando para uma vida que reflete o caráter de Cristo. A obra do Espírito é contínua, moldando-nos para sermos mais parecidos com o nosso Salvador.

Essa transformação começa no coração, o centro das emoções e decisões. O Espírito Santo nos convence do pecado e nos leva ao arrependimento, iniciando um processo de renovação interior. Tal mudança nos liberta do domínio do pecado e nos permite viver de acordo com a vontade de Deus, experimentando liberdade e propósito. O poder do Espírito não apenas nos livra do pecado, mas também nos capacita a viver em santidade. Ele nos dá força para resistir às tentações e para buscar uma vida de obediência e justiça. Essa santificação é um testemunho da presença do Espírito em nós e um reflexo da nova vida que recebemos em Cristo.

Além da santificação, o Espírito Santo também renova nossa mente. Em Romanos 12:2, Paulo nos exorta a sermos transformados pela renovação da nossa mente, para que possamos discernir a vontade de Deus. O Espírito trabalha em nós para substituir padrões de pensamento mundanos por uma mentalidade que reflita os valores do Reino de Deus.

A transformação pelo Espírito ainda se manifesta em nossas ações e relacionamentos. Ele nos capacita a amar como Cristo amou, a perdoar como fomos perdoados e a servir com humildade. Essas mudanças não são frutos de esforços humanos, mas do poder do Espírito que opera em nós.

O Espírito Santo nos concede dons espirituais que nos equipam para servir no Reino de Deus. Esses dons, descritos em 1 Coríntios 12, são expressões do poder do Espírito e nos permitem edificar a igreja e impactar o mundo para a glória de Deus. Cada crente é chamado a usar esses dons como parte da transformação que o Espírito realiza.

A transformação nos dá coragem para enfrentar desafios. O Espírito nos fortalece em tempos de dificuldade, nos lembra das promessas de Deus e nos dá a confiança de que Ele está trabalhando em todas as coisas para o nosso bem (Romanos 8:28). Essa força interior nos permite perseverar com fé e esperança.

O poder do Espírito também nos ajuda a viver uma vida de gratidão e louvor. Ele nos enche de alegria, independentemente das circunstâncias, e nos leva a adorar a Deus em espírito e em verdade. Essa adoração é uma expressão da nova vida que experimentamos em Cristo e da obra do Espírito em nós.

A transformação pelo Espírito é um processo contínuo. Embora sejamos renovados interiormente, ainda enfrentamos as limitações de um mundo caído. No entanto, o Espírito nos dá a certeza de que Deus completará Sua obra em nós, culminando na ressurreição futura e na plenitude da redenção.

Essa obra transformadora não é apenas individual, mas comunitária. O Espírito nos une como corpo de Cristo, permitindo que vivamos em unidade, apoiando uns aos outros e crescendo juntos na fé. A igreja, como comunidade de crentes, é um reflexo visível da transformação que o Espírito realiza.

Tal poder transformador nos torna testemunhas eficazes do evangelho. Ao verem a mudança em nossas vidas, outras pessoas são atraídas para Cristo. Então, nosso testemunho pessoal, combinado com o poder do Espírito, é uma ferramenta poderosa para levar outros à salvação.

Essa transformação nos dá uma nova perspectiva sobre a vida. Sabemos que nossa cidadania está nos céus (Filipenses 3:20), mas somos chamados a viver como representantes do Reino de Deus na Terra. A obra do Espírito em nós nos capacita a refletir a glória de Deus no presente, enquanto aguardamos a plenitude de Sua redenção.

O poder do Espírito que ressuscitou Jesus nos transforma de dentro para fora, trazendo nova vida, propósito e direção. Ele nos capacita a viver de maneira que honre Deus, experimentando a realidade do Reino no presente e aguardando a consumação da obra redentora de Deus na eternidade.

O Espírito como guia na santificação e na conformidade à imagem de Cristo

O ESPÍRITO SANTO ATUA como guia essencial na santificação e na conformidade dos crentes à imagem de Cristo, um processo que transforma o interior e o exterior daqueles que foram salvos pela graça. Sua presença nos crentes é uma garantia de que Deus está trabalhando para moldá-los de acordo com o caráter de Seu Filho, cumprindo o propósito eterno de redenção.

A santificação é o processo pelo qual Deus nos torna mais santos, separando-nos para Sua glória e transformando nossa conduta e nosso caráter. O Espírito Santo é o agente principal dessa transformação, começando pela regeneração, em que Ele dá vida nova ao coração morto no pecado, e prosseguindo com a renovação constante da mente e das atitudes.

O Espírito nos convence do pecado, mostrando áreas de nossas vidas que precisam ser submetidas ao senhorio de Cristo. Esse convencimento não é para condenação, mas para nos levar ao arrependimento e à dependência de Deus. João 16:8 declara que o Espírito Santo "convencerá o mundo do pecado, da justiça e do juízo", sendo assim o guia que nos conduz à pureza.

Ele também nos capacita a vencer o pecado. Embora sejamos chamados a lutar contra os desejos da carne, não fazemos isso por nossa própria força. Em Gálatas 5:16, somos encorajados: "Andai em Espírito, e não cumprireis a concupiscência da carne". O Espírito nos dá força e discernimento para resistir às tentações e viver em obediência a Deus.

A conformidade à imagem de Cristo é o objetivo final da santificação. Em Romanos 8:29, Paulo escreve que fomos predestinados para sermos conformados à imagem do Filho de Deus. O Espírito Santo realiza essa conformidade transformando nosso caráter, renovando nossos pensamentos e nos ensinando a viver como Cristo viveu.

Esse processo de transformação envolve a produção do fruto do Espírito em nossas vidas, descrito em

Gálatas 5:22: "amor, alegria, paz, longanimidade, benignidade, bondade, fé, mansidão e temperança". Esses atributos refletem o caráter de Cristo e são cultivados pelo Espírito em cada crente à medida que permanecemos n'Ele.

O Espírito ainda nos ensina e nos lembra das palavras de Jesus. Em João 14:26, Jesus prometeu que o Espírito nos ensinaria todas as coisas e nos lembraria de tudo o que Ele disse. Essa orientação contínua nos ajuda a aplicar os ensinamentos de Cristo em nossas vidas, crescendo em sabedoria e entendimento.

A santificação é um processo contínuo que requer submissão ao Espírito. Ele nos guia por meio da Palavra de Deus, iluminando as Escrituras para que possamos compreender e aplicar seus ensinamentos. A Bíblia não é apenas um texto a ser estudado, mas uma ferramenta que o Espírito usa para moldar nossos corações e nossas mentes.

Além de nos transformar interiormente, o Espírito Santo nos conduz em atos de obediência e serviço. Ele nos dá discernimento para tomar decisões que honrem Deus e nos capacita a usar os dons espirituais para edificar a igreja e impactar o mundo ao nosso redor.

A conformidade à imagem de Cristo é tanto um chamado quanto uma promessa. Embora sejamos chamados a cooperar com o Espírito em nosso crescimento espiritual, é Ele quem garante que a obra será completada. Em Filipenses 1:6, é assegurado "Aquele que em vós começou a boa obra a aperfeiçoará até ao dia de Jesus Cristo".

O Espírito também nos dá paz em meio ao processo de santificação, lembrando-nos de que somos filhos de Deus, mesmo em nossas lutas e imperfeições. Em Romanos 8:16, é dito que "o mesmo Espírito testifica com o nosso espírito que somos filhos de Deus". Essa segurança nos fortalece para perseverar e confiar no plano de Deus.

A conformidade à imagem de Cristo não é apenas individual, mas comunitária. O Espírito nos une como corpo de Cristo, permitindo-nos crescer juntos em santidade. A comunhão dos santos é um meio pelo qual o Espírito nos encoraja e nos molda, usando a interação com outros crentes para fortalecer nosso caráter.

Por meio do Espírito, somos guiados a refletir cada vez mais a glória de Deus. Em 2 Coríntios 3:18, declara-se: "Mas todos nós, com rosto descoberto, refletindo como um espelho a glória do Senhor, somos transformados de glória em glória na mesma imagem, como pelo Espírito do Senhor". Isso nos capacita a viver como testemunhas de Cristo no mundo.

O Espírito como guia na santificação e na conformidade à imagem de Cristo é um presente inestimável de Deus. Sua obra em nós é a garantia de que estamos sendo moldados para viver de maneira santa, refletindo o caráter de Cristo em tudo o que fazemos, enquanto aguardamos a perfeição plena na presença de Deus.

Reflexões sobre como o Espírito Santo nos capacita a viver com perspectiva eterna

O Espírito Santo nos capacita a viver com perspectiva eterna, ajudando-nos a enxergar a vida presente sob a luz daquilo que é duradouro e divino. Sua presença nos lembra constantemente de que nossa verdadeira pátria está nos céus e nos orienta a viver com propósito e esperança enquanto aguardamos a plenitude do Reino de Deus.

Uma das formas como o Espírito nos capacita a viver com perspectiva eterna é renovando nossa mente. Em Romanos 12:2, Paulo nos exorta a não nos conformarmos com este mundo, mas a sermos transformados pela renovação da mente. O Espírito nos ajuda a enxergar além das circunstâncias temporais e a focar na vontade de Deus, que é boa, perfeita e agradável.

O Espírito Santo também nos ajuda a priorizar o que é eterno sobre o que é passageiro. Ele nos ensina a valorizar o que tem significado duradouro, como amor, serviço e comunhão com Deus, em vez de investir nossa energia em coisas que perecem. Essa perspectiva transforma a maneira como gastamos nosso tempo, nossos recursos e nossos esforços.

Ele ainda nos lembra das promessas de Deus, especialmente da vida eterna. Jesus prometeu que o

Espírito nos ensinaria todas as coisas e nos lembraria de Suas palavras (João 14:26). Essas promessas nos dão força e motivação para perseverar mesmo diante das dificuldades da vida presente.

A perspectiva eterna que o Espírito nos oferece molda nossa maneira de lidar com o sofrimento. Em 2 Coríntios 4:17, Paulo afirma: "Porque a nossa leve e momentânea tribulação produz para nós um peso eterno de glória mui excelente". O Espírito nos ajuda, assim, a ver o sofrimento como algo temporário, que será superado pela glória futura que Deus tem reservado para nós.

Ele nos capacita a viver como cidadãos do Reino de Deus, mesmo enquanto ainda habitamos este mundo. Guia-nos a viver de forma que reflita os valores do Reino, como justiça, amor, misericórdia e verdade. Essa vida com perspectiva eterna serve como um testemunho para aqueles ao nosso redor.

Além disso, o Espírito nos ajuda a discernir a vontade de Deus, orientando-nos em decisões que têm impacto eterno. Ele nos dá sabedoria para escolher caminhos que glorifiquem a Deus e beneficiem outros, em vez de seguir desejos egoístas ou transitórios.

A comunhão com o Espírito nos permite experimentar desde agora a alegria e a paz que caracterizam a eternidade com Deus. Em Gálatas 5:22-23, é descrito o fruto do Espírito como amor, alegria, paz, longanimidade, bondade, fé, mansidão e domínio próprio. Essas virtudes são reflexos da vida eterna que já começou em nós.

O Espírito nos dá coragem para proclamar o evangelho, sabendo que estamos investindo em algo eterno. A missão de compartilhar a mensagem de salvação não é apenas um dever, mas um privilégio que tem repercussões eternas. Essa perspectiva nos mantém focados no propósito maior de Deus.

Ele nos capacita a ver os desafios como oportunidades para crescer em fé e maturidade espiritual. Em Romanos 5:3-5, Paulo escreve que a tribulação produz perseverança, experiência e esperança, e que essa esperança não nos decepciona porque o amor de Deus foi derramado em nossos corações pelo Espírito Santo.

Assim, a perspectiva eterna nos ajuda a viver com gratidão, mesmo em meio às dificuldades. O Espírito nos lembra de que todas as coisas cooperam para o bem daqueles que amam Deus (Romanos 8:28) e nos encoraja a louvar e agradecer a Deus por Sua fidelidade, independentemente das circunstâncias.

O Espírito Santo também nos ajuda a viver em unidade com outros crentes, uma dimensão essencial da perspectiva eterna. Como membros do corpo de Cristo, somos chamados a refletir a comunhão e o amor que experimentaremos plenamente na eternidade. Essa unidade é fortalecida pelo Espírito, que nos une em um só propósito.

Ele nos capacita a viver com generosidade, sabendo que nossos investimentos no Reino de Deus têm valor eterno. Jesus nos instruiu a acumular tesouros no céu, onde nem a traça nem a ferrugem destroem (Mateus 6:20). O Espírito nos guia a usar nossos recursos para a glória de Deus e o benefício dos outros.

Ainda nos encoraja a esperar com paciência pela segunda vinda de Cristo, mantendo nosso coração fixo na esperança da restauração completa de todas as coisas. Lembra-nos de que o que esperamos não é incerto, mas garantido pela fidelidade de Deus.

Viver com perspectiva eterna pelo poder do Espírito Santo nos chama a uma vida de propósito, gratidão e esperança. Ele nos fortalece para enfrentar as tribulações presentes, enquanto nos prepara para a glória que nos espera. Essa perspectiva transforma a maneira como vivemos, e também a maneira como impactamos o mundo, apontando outros para a eternidade com Deus.

CAPÍTULO 5

A nova criação: um vislumbre do futuro eterno

Apocalipse 21-22: A visão da nova Jerusalém

APOCALIPSE 21-22 APRESENTA A visão gloriosa da nova Jerusalém, o clímax da história redentora de Deus. Esses capítulos revelam o destino final da criação, quando Deus habitará com Seu povo em um novo céu e uma nova terra. Essa visão encapsula a restauração completa de tudo o que foi afetado pelo pecado, oferecendo esperança e certeza do plano eterno de Deus.

João descreve a nova Jerusalém como uma cidade santa que desce do céu, preparada como uma noiva adornada para o seu noivo. Essa imagem simboliza a união perfeita entre Deus e Seu povo, um relacionamento de comunhão ininterrupta e íntima. A nova Jerusalém não é apenas um lugar, mas também uma representação do povo redimido de Deus vivendo em Sua presença.

A promessa de que Deus habitará com Seu povo é central nessa visão. Em Apocalipse 21:3, lemos: "Eis aqui o tabernáculo de Deus com os homens, pois com eles habitará, e eles serão o seu povo, e o mesmo Deus estará com eles, e será o seu Deus". Essa declaração resgata o propósito original da criação, restaurando a comunhão perdida no Éden.

Na nova Jerusalém, todas as marcas do pecado serão removidas. Não haverá mais morte, nem pranto, nem dor, pois "as primeiras coisas são passadas" (Apocalipse 21:4). Essa promessa traz consolo para os crentes, garantindo que o sofrimento presente é temporário e que a eternidade será caracterizada por paz e plenitude.

João descreve a cidade como possuindo um brilho de glória divina, com muros de jaspe e ruas de ouro puro. Esses elementos retratam riqueza e beleza, mas também simbolizam a perfeição e a santidade do ambiente onde Deus habitará com Seu povo. A glória de d'Ele será o centro de tudo.

Na nova Jerusalém, não haverá necessidade de templo, pois "o seu templo é o Senhor Deus Todo-Poderoso, e o Cordeiro" (Apocalipse 21:22). Isso destaca a comunhão direta e plena entre Deus e Seu povo, na qual a adoração não será mediada por estruturas físicas, mas vivida em sua totalidade na presença divina.

Outro aspecto notável é a ausência de Sol e Lua, porque "a glória de Deus a tem iluminado, e o Cordeiro é a sua lâmpada" (Apocalipse 21:23). A luz de Deus e de Cristo não apenas ilumina a cidade e simboliza a pureza e a verdade que permeiam toda a criação restaurada.

Os capítulos ainda destacam a inclusão de todas as nações na nova Jerusalém. As nações andarão à luz da cidade, e os reis da Terra trarão a ela sua glória (Apocalipse 21:24). Isso reflete o cumprimento do plano de Deus de redimir pessoas de todas as tribos, línguas e povos, criando uma família unida em Cristo.

No centro da cidade, vemos o rio da água da vida, claro como cristal, que procede do trono de Deus e do Cordeiro (Apocalipse 22:1). Esse rio simboliza a abundância e a vida eterna que fluem de Deus, lembrando a promessa de Jesus de que aqueles que creem n'Ele nunca terão sede.

Ao lado do rio está a árvore da vida, que dá frutos todos os meses e cujas folhas são para a cura das nações (Apocalipse 22:2). Essa imagem ecoa o jardim do Éden, mas em uma dimensão superior, mostrando que a criação foi não somente restaurada, mas glorificada. A vida eterna é acessível a todos os redimidos.

A nova Jerusalém é descrita como um lugar de absoluta pureza, onde nada impuro entrará. Somente aqueles cujos nomes estão escritos no livro da vida do Cordeiro terão acesso (Apocalipse 21:27). Isso reflete a santidade de Deus e o chamado para que os crentes vivam em santidade enquanto aguardam a promessa.

Tal visão também enfatiza a soberania de Deus e do Cordeiro, que reinam para sempre. O trono de Deus e do Cordeiro está no centro da cidade, e os servos de Deus O servirão e verão o Seu rosto (Apocalipse 22:3-4). Essa imagem de adoração eterna é o ponto culminante do relacionamento entre Deus e Seu povo.

O chamado final de Apocalipse 22:17 ecoa o convite para participar dessa nova criação: "E o Espírito e a esposa dizem: Vem. E quem ouve diga: Vem. E quem tem sede, venha; e quem quiser, tome de graça da água da vida". Esse convite reflete o coração de Deus em estender Sua graça a todos os que desejam a vida eterna.

Assim, a visão da nova Jerusalém nos convida a viver com esperança e propósito. Saber que Deus está preparando um lugar onde habitará com Seu povo para sempre transforma a maneira como enfrentamos o presente. Chama-nos a perseverar, a proclamar o evangelho e a viver como cidadãos do Reino de Deus, antecipando a plenitude da redenção em Sua presença.

A erradicação do pecado, da dor e da morte (Apocalipse 21:4)

Apocalipse 21:4 apresenta uma das promessas mais consoladoras da Bíblia: a erradicação completa do pecado, da dor e da morte. Nesse versículo, João escreve: "E Deus limpará de seus olhos toda lágrima; e não haverá mais morte, nem pranto, nem clamor, nem dor; porque já as primeiras coisas são passadas". Essa declaração encapsula o clímax da redenção, quando tudo o que for fruto da queda será removido para sempre.

A erradicação do pecado é o ponto central dessa promessa. O pecado, que entrou no mundo pela desobediência de Adão e Eva, trouxe consigo a separação de Deus, a corrupção da Humanidade e o sofrimento em todas as áreas da criação. Porém, na nova criação, o pecado será completamente eliminado, permitindo que a comunhão entre Deus e Seu povo seja perfeita e eterna.

Com a remoção do pecado, todas as suas consequências também desaparecerão. A dor emocional e física que permeia a experiência humana será extinta. A promessa de que Deus enxugará todas as lágrimas dos olhos de Seu povo simboliza não apenas o fim do sofrimento, mas também o consolo ativo de Deus. Ele erradica a dor e oferece cura e restauração.

A morte, a maior inimiga da Humanidade, será derrotada de uma vez por todas. Em 1 Coríntios 15:26, Paulo afirma que o último inimigo a ser aniquilado é a morte. Em Apocalipse 21:4, vemos o cumprimento dessa promessa. A morte, que trouxe separação e luto, será substituída pela vida eterna em comunhão com Deus.

A ausência de pranto e clamor reflete uma realidade na qual não há mais perdas ou injustiças. Todas as razões para tristeza e angústia serão removidas, e a alegria plena preencherá os corações dos redimidos. Esse estado de paz absoluta é uma promessa para aqueles que enfrentaram as dores e os desafios de um mundo caído.

A erradicação da dor também significa a restauração completa da criação. Em Romanos 8:22, Paulo descreve a criação gemendo como em dores de parto, aguardando a redenção. Em Apocalipse 21, essa redenção é realizada, e o mundo é renovado para refletir a glória e a perfeição de Deus. A expressão "já as primeiras coisas são passadas" ressalta que a antiga ordem marcada pelo pecado e suas consequências será substituída por uma nova realidade. Essa transição não é apenas um retorno ao estado original, mas uma elevação à plenitude do propósito de Deus para a criação.

A nova criação descrita em Apocalipse 21-22 é caracterizada pela presença direta de Deus entre o Seu povo. A remoção do pecado e da dor permite que a comunhão plena com Ele seja restaurada. Não haverá mais barreiras ou separação, pois Deus estará habitando com Seu povo para sempre.

Essa promessa é mais do que uma esperança futura, é uma transformação da maneira como os crentes enfrentam o presente. Saber que o pecado, a dor e a morte serão erradicados nos dá força para perseverar, confiando que as tribulações deste mundo são temporárias e que Deus está preparando algo infinitamente melhor.

A erradicação do pecado e suas consequências também reflete o caráter justo e misericordioso de Deus. Sua justiça garante que o mal será completamente vencido, enquanto Sua misericórdia oferece redenção e restauração aos que confiam n'Ele. Essa combinação de justiça e graça é central na mensagem do evangelho.

Tal visão reafirma a soberania de Cristo. Ele, que venceu o pecado e a morte por meio da cruz e da ressurreição, agora reina em plenitude, garantindo que Sua vitória seja total e permanente. A nova criação é a consumação de Sua obra redentora, na qual Ele será exaltado como Rei dos reis.

A promessa de Apocalipse 21:4 nos chama a viver com esperança e confiança. Saber que o pecado, a dor e a morte serão erradicados nos convida a colocar nossa fé em Deus e a viver em antecipação da nova criação. Essa esperança molda nossa visão de vida, motivando-nos a buscar o que é eterno e a compartilhar essa promessa com o mundo.

A erradicação do pecado, da dor e da morte é o ápice do plano redentor de Deus. Em um mundo marcado pelo sofrimento, essa promessa nos lembra de que a vitória de Deus é certa e que Ele está preparando um futuro no qual tudo será novo, perfeito e em harmonia com Sua vontade. Essa esperança nos sustenta e nos inspira a viver para a glória de Deus.

A restauração completa da comunhão entre Deus e Seu povo

A RESTAURAÇÃO COMPLETA DA comunhão entre Deus e Seu povo é o tema central da narrativa bíblica e encontra sua culminação em Apocalipse 21-22. Desde o início, o propósito de Deus foi habitar com Sua criação em perfeita harmonia, como evidenciado no Éden, onde Ele caminhava com Adão e Eva. Essa comunhão, interrompida pelo pecado, será restaurada de forma plena na nova criação, quando Deus habitará com Seu povo para sempre.

Em Apocalipse 21:3, ouvimos a proclamação triunfante: "Eis aqui o tabernáculo de Deus com os homens, pois com eles habitará, e eles serão o seu povo, e o mesmo Deus estará com eles". Essa promessa resgata o desejo eterno de Deus de estabelecer um relacionamento íntimo com aqueles que Ele criou à Sua imagem.

Essa comunhão não é apenas física, mas espiritual, envolvendo o coração, a mente e o espírito.

A remoção do pecado é essencial para essa restauração. O pecado foi a barreira que separou a Humanidade de Deus desde a queda. Em Cristo, essa barreira foi destruída. Ele é o mediador que nos reconciliou com Deus, permitindo que aqueles que confiam n'Ele vivam em plena comunhão com o Pai. Essa restauração é experimentada em parte agora e será completa na nova criação.

A comunhão restaurada é caracterizada pela ausência de qualquer separação. Na nova Jerusalém, não há templo, porque "o seu templo é o Senhor Deus Todo-Poderoso, e o Cordeiro" (Apocalipse 21:22).A adoração não será mediada por estruturas ou rituais, mas será vivida de maneira direta e contínua na presença de Deus.

Essa presença constante de Deus elimina todas as consequências do pecado, incluindo o sofrimento, a dor e a morte. Em Apocalipse 21:4, lemos que Deus enxugará toda lágrima dos olhos de Seu povo. Essa imagem simboliza não apenas consolo, mas uma comunhão tão completa que nada poderá causar tristeza ou separação novamente.

A restauração da comunhão também significa que o povo de Deus será plenamente transformado à Sua imagem. Em 1 João 3:2, somos informados de que "quando ele se manifestar, seremos semelhantes a ele;

porque assim como é o veremos". Essa transformação nos capacita a experimentar a comunhão com Deus em sua plenitude, livres de qualquer imperfeição.

Na nova criação, Deus será o centro de tudo. Apocalipse 22:5 descreve que não haverá mais noite, pois Deus será a luz do povo. Isso simboliza a presença eterna de Deus iluminando todas as coisas, não apenas fisicamente, mas espiritualmente, trazendo clareza, paz e propósito.

A comunhão restaurada é ainda uma comunhão corporativa. Deus não apenas habita com indivíduos, mas com um povo redimido de todas as tribos, línguas e nações. Essa unidade reflete a glória de Deus e o cumprimento de Sua promessa a Abraão de que todas as famílias da Terra seriam abençoadas.

Isso inclui a participação na vida de Deus. Em Apocalipse 22:1-2, vemos o rio da água da vida e a árvore da vida, que simbolizam a abundância, a provisão e a continuidade da vida eterna. Os redimidos não apenas habitam na presença de Deus, mas também compartilham de Sua vida e de Suas bênçãos.

O relacionamento restaurado com Deus significa que os redimidos servirão a Ele com alegria. Apocalipse 22:3 declara que "os seus servos o servirão". Esse serviço não será um fardo, mas um ato de adoração e prazer, resultado da comunhão perfeita com Aquele que é digno de toda glória.

Essa comunhão plena é uma realização do que foi prometido ao longo das Escrituras. Desde o tabernáculo no deserto até o templo em Jerusalém, Deus sempre demonstrou Seu desejo de habitar com Seu povo. Em Cristo, essa presença foi trazida à Terra, e na nova criação será plenamente manifestada.

A visão da restauração da comunhão nos dá esperança e propósito no presente. Embora ainda enfrentemos limitações e desafios, sabemos que Deus está conosco por meio do Espírito Santo. Essa presença atual é um prenúncio do que experimentaremos de maneira completa na eternidade.

A restauração da comunhão com Deus nos desafia a viver em santidade e amor agora. Sabendo que fomos reconciliados com Deus por meio de Cristo, somos chamados a refletir Seu caráter em nossos relacionamentos e em nossa adoração, como parte do povo que Ele está formando para Si.

Portanto a promessa de Apocalipse 21-22 é a garantia de que Deus cumprirá o propósito para o qual fomos criados: habitar em comunhão eterna com Ele. Essa visão não apenas nos consola, como nos motiva a perseverar, sabendo que a glória futura com Deus superará qualquer dificuldade presente. Tal comunhão é a razão última da redenção e o destino final de todos os que pertencem a Ele.

Reflexões sobre a eternidade como a consumação do plano redentor

A ETERNIDADE COMO A consumação do plano redentor é o ponto culminante da narrativa bíblica, por meio da qual o propósito eterno de Deus é plenamente realizado. Desde a criação até a nova criação, a história da redenção revela o compromisso de Deus em restaurar Sua criação e trazer Seu povo para um relacionamento eterno com Ele.

O plano redentor começou no Éden, quando o pecado entrou no mundo e trouxe separação entre Deus e a Humanidade. Mesmo nesse momento de ruptura, Deus revelou Seu propósito eterno ao prometer a vitória sobre o pecado e a morte por meio da semente da mulher (Gênesis 3:15). A eternidade é o desfecho dessa promessa, quando o mal será completamente vencido.

Ao longo das Escrituras, vemos Deus trabalhando para redimir Seu povo e restaurar a criação. As alianças com Abraão, Moisés e Davi apontaram para o plano maior de redenção, que foi cumprido na pessoa de Jesus Cristo. Sua vida, morte e ressurreição foram os eventos centrais que tornaram possível a entrada na eternidade com Deus. A cruz de Cristo é o ponto de virada nesse plano redentor. Ali, o pecado foi expiado, e o caminho para a reconciliação com Deus foi aberto. A ressurreição, por sua vez, garantiu a vitória sobre a morte e confirmou a promessa de vida eterna para todos os que creem. A eternidade é, portanto, a celebração e a manifestação plena dessa vitória.

A nova criação, descrita em Apocalipse 21-22, é a concretização do plano redentor. Deus faz novas todas as coisas, erradicando o pecado, a dor e a morte. A eternidade é o estado em que tudo está alinhado com a perfeita vontade de Deus, refletindo Sua glória e bondade em todas as coisas.

A eternidade também representa a plenitude da comunhão entre Deus e Seu povo. Em Apocalipse 21:3, Deus promete habitar com Seu povo para sempre. Essa habitação é a realização do desejo de Deus de estar com Sua criação, uma relação que foi interrompida pelo pecado, mas restaurada pela redenção.

A vida eterna não é apenas uma existência contínua, mas uma experiência de alegria, paz e plenitude na presença de Deus. Em Apocalipse 22:1-2, vemos o rio da água da vida e a árvore da vida, símbolos da abundância e da provisão divina. Essa visão reflete a total satisfação e bem-estar que caracterizam a eternidade.

A consumação do plano redentor ainda inclui a glorificação dos crentes. Em 1 Coríntios 15:53, Paulo afirma que o que "é corruptível se revista da incorruptibilidade". Na eternidade, os redimidos terão corpos glorificados, livres das limitações e dos sofrimentos do estado presente, preparados para viver na presença de Deus.

A eternidade como consumação do plano redentor não é apenas o destino dos indivíduos, mas da criação como um todo. Em Romanos 8:21, é declarado que a criação será libertada da escravidão da corrupção para a liberdade da glória dos filhos de Deus. A restauração cósmica é parte do propósito redentor de Deus.

Essa visão da eternidade molda a vida dos crentes no presente. Saber que o plano redentor culminará na comunhão eterna com Deus nos encoraja a viver com esperança, a enfrentar os desafios com perseverança e a investir em valores que têm significado eterno. Essa perspectiva nos dá força e propósito em meio às lutas da vida.

A consumação do plano redentor também destaca o caráter de Deus. Sua fidelidade, graça e justiça são evidenciadas em cada etapa da história da redenção. A eternidade celebra quem Deus é e Suas obras maravilhosas, colocando-o no centro de toda adoração e glória.

Refletir sobre a eternidade como a consumação do plano redentor nos leva a um profundo senso de gratidão e esperança. O que começou no coração de Deus antes da fundação do mundo será completado em Sua presença eterna. Essa certeza transforma nossa visão de vida e nos convida a viver para a glória daquele que está preparando um futuro glorioso para todos os que confiam n'Ele.

A ETERNIDADE CELEBRA QUEM DEUS É E SUAS OBRAS MARAVILHOSAS, COLOCANDO-O NO CENTRO DE TODA ADORAÇÃO E GLÓRIA.

CAPÍTULO 6

Vivendo o presente à luz da eternidade

A urgência de compartilhar o evangelho à luz da eternidade

A URGÊNCIA DE COMPARTILHAR o evangelho à luz da eternidade é um chamado que nasce do entendimento do plano redentor de Deus e da realidade de que a vida eterna está disponível para todos os que creem em Cristo. Saber que a eternidade aguarda a Humanidade, seja na presença de Deus ou separada d'Ele, deve motivar os cristãos a proclamarem as boas-novas com paixão e compromisso. O evangelho é a mensagem de esperança que responde à condição de um mundo perdido. Desde a queda, o pecado trouxe separação entre Deus e a Humanidade, mas Cristo, em Sua morte e ressurreição, abriu o caminho para a reconciliação. Compartilhar essa mensagem é um ato de amor que reflete o próprio coração de Deus, "não querendo que alguns se percam, senão que todos venham a arrepender-se" (2 Pedro 3:9).

A eternidade traz peso às decisões do presente. A maneira como respondemos ao evangelho determina nosso destino eterno. Jesus diz em João 3:36: "Aquele que crê no Filho tem a vida eterna; mas aquele que não crê no Filho não verá a vida, mas a ira de Deus sobre ele permanece". Essa realidade deve levar os cristãos a um senso de responsabilidade de testemunhar para aqueles que ainda não conhecem Cristo.

A urgência de compartilhar o evangelho é ampliada pela limitação do tempo. A vida humana é breve, e o retorno de Cristo é certo, embora sua data seja desconhecida. Jesus exortou Seus discípulos em João 9:4: "Convém que eu faça as obras daquele que me enviou enquanto é dia; a noite vem, quando ninguém pode trabalhar". Esse chamado se aplica a todos os crentes.

Compartilhar o evangelho não é apenas um dever, mas um privilégio. Em 2 Coríntios 5:20, Paulo nos chama de "embaixadores da parte de Cristo", representando o Reino de Deus no mundo. Cada oportunidade de falar do amor de Deus é uma parceria com Ele em Sua missão redentora, um papel honroso que tem implicações eternas.

O entendimento da eternidade nos ajuda a superar o medo ou a hesitação em evangelizar. Quando consideramos a urgência da mensagem, as barreiras temporais perdem sua força. Paulo declarou em Romanos 1:16: "Porque não me envergonho do evangelho de Cristo, pois é o poder de Deus para a salvação de todo aquele que crê". Esse poder está disponível para nós ao proclamarmos a verdade.

A luz da eternidade nos lembra de que não somos responsáveis pelos resultados, mas pelo testemunho fiel. O Espírito Santo é quem se convence do pecado, da justiça e do juízo (João 16:8). Nosso papel é semear a Palavra com fidelidade e confiar que Deus trabalhará nos corações daqueles que ouvem.

Evangelizar à luz da eternidade nos leva a priorizar as coisas de Deus. Sabendo que as almas têm valor eterno, ajustamos nossos compromissos, recursos e esforços para investir em pessoas, e não em coisas passageiras. Isso reflete a instrução de Jesus em Mateus 6:20 para acumularmos tesouros no céu.

Essa urgência nos convida a uma vida de oração intercessória. Antes de compartilhar o evangelho, devemos clamar a Deus por aqueles que estão perdidos. A oração abre portas e prepara corações, e é uma arma poderosa que nos conecta ao poder de Deus na missão de alcançar os perdidos.

A eternidade molda nossa perspectiva sobre o sofrimento e o sacrifício envolvidos no evangelismo. Paulo enfrentou perseguições e dificuldades por causa do evangelho, mas declarou em Romanos 8:18: "As aflições deste tempo presente não são para comparar com a glória que em nós há de ser revelada". Assim, o valor eterno do evangelismo supera qualquer custo terreno.

O chamado para compartilhar o evangelho é para todos os crentes, não apenas para líderes ou missionários. Cada cristão é colocado em contextos únicos para ser luz e sal no mundo. Seja no ambiente familiar, no trabalho ou na comunidade, todos têm a responsabilidade de apontar outros para Cristo.

À luz da eternidade, o evangelismo não é apenas uma tarefa, mas uma expressão de amor e obediência ao comando de Cristo de fazer discípulos de todas as nações. Essa missão é urgente porque a eternidade está em jogo, e Deus nos chamou para sermos portadores de Sua mensagem de salvação. Cada palavra compartilhada pode ter um impacto eterno na vida de alguém.

O VALOR ETERNO DO EVANGELISMO SUPERA QUALQUER CUSTO TERRENO.

O chamado à santidade e ao propósito no presente (1 Pedro 1:15-16)

O CHAMADO À SANTIDADE e ao propósito no presente, como destacado em 1 Pedro 1:15-16, é uma resposta ao caráter santo de Deus e à Sua obra redentora em nossas vidas. Pedro escreve: "Mas, como é santo aquele que vos chamou, sede vós também santos em toda a vossa maneira de viver; porquanto está escrito: Sede santos, porque eu sou santo". Essa exortação não é apenas uma instrução moral, mas um convite a refletir o caráter de Deus em tudo o que fazemos.

A santidade, antes de ser uma obrigação, é um privilégio. Por meio de Cristo, fomos separados para Deus, tirados das trevas e colocados em Sua luz. Essa separação é um ato de graça que nos chama a viver de maneira distinta, refletindo a pureza e o amor de Deus em nossas ações, palavras e pensamentos.

Esse chamado à santidade está profundamente ligado à identidade dos crentes como filhos de Deus. Pedro nos lembra de que fomos resgatados pelo precioso sangue de Cristo e, portanto, pertencemos a Deus. Nossa santidade é uma resposta a essa nova identidade, que nos diferencia do mundo e nos alinha com o propósito divino. Assim, a santidade também é uma forma de adoração.

Quando buscamos viver de maneira que agrada Deus, demonstramos reverência ao Seu nome e reconhecemos Sua soberania em nossas vidas. Esse estilo de vida é uma expressão prática de gratidão e amor por Aquele que nos chamou.

Além de refletir o caráter de Deus, o chamado à santidade nos capacita a cumprir nosso propósito no presente.

Somos embaixadores de Cristo no mundo, e nossa maneira de viver deve apontar outros para Ele. A santidade não é somente pessoal, mas testemunhal, demonstrando ao mundo a transformação que o evangelho abriga.

Esse propósito inclui viver de forma intencional, alinhando nossas escolhas com os valores do Reino de Deus. Ao buscar a santidade, rejeitamos as distrações e os desejos que competem com nosso chamado, concentrando-nos em ações e decisões que glorifiquem a Deus e beneficiem os outros.

O chamado à santidade também nos desafia a lidar com o pecado de maneira radical. Não podemos tratar o pecado como algo trivial, pois ele nos afasta de Deus e de nosso propósito. Em 1 João 1:9, somos incentivados a confessar nossos pecados, confiando na fidelidade de Deus para nos perdoar e purificar, permitindo-nos continuar crescendo em santidade.

Esse crescimento é um processo contínuo, sustentado pelo Espírito Santo. Ele nos guia, fortalece e transforma, capacitando-nos a viver de acordo com o chamado de Deus. Não somos deixados sozinhos nessa jornada; o Espírito opera em nós para produzir o fruto que reflete o caráter de Cristo.

A santidade ainda nos ajuda a viver com propósito em um mundo caído. Embora enfrentemos pressões e tentações, nossa fidelidade a Deus é um testemunho poderoso. Pedro nos exorta em 1 Pedro 2:12 a manter uma conduta exemplar entre os gentios, para que nossas boas obras glorifiquem Deus.

Esse chamado nos convida a confiar em Deus em todas as áreas da vida. A santidade não é apenas sobre comportamento exterior, mas sobre uma transformação interior que resulta de uma dependência contínua de Deus. Ao buscarmos a Ele em oração e na Palavra, encontramos a força para viver de maneira que O honre.

A santidade e o propósito no presente estão ligados à esperança no futuro. Pedro nos lembra de que somos peregrinos neste mundo, aguardando a plena realização das promessas de Deus. Essa perspectiva nos encoraja a perseverar, sabendo que nossos esforços para viver de maneira santa têm valor eterno.

Assim, o chamado à santidade e ao propósito no presente é uma resposta ao Deus que nos redimiu e nos santifica diariamente. Ele nos capacita a viver de maneira que reflete Sua glória, impacta o mundo ao nosso redor e nos prepara para o destino eterno que Ele tem reservado para aqueles que O amam.

A perseverança em meio ao sofrimento, sustentada pela esperança eterna (2 Coríntios 4:16-18)

A PERSEVERANÇA EM MEIO ao sofrimento, sustentada pela esperança eterna, é um dos temas mais poderosos da fé cristã, como Paulo apresenta em 2 Coríntios 4:16-18. Ele escreve: "Por isso, não desfalecemos; mas, ainda que o nosso homem exterior se corrompa, o interior, contudo, se renova de dia em dia. Porque a nossa leve e momentânea tribulação produz para nós um peso eterno de glória mui excelente; não atentando nós nas coisas que se veem, mas nas que se não veem; porque as que se veem são temporais, e as que se não veem são eternas".

Essas palavras nos ensinam que a perseverança não é uma questão de força própria, mas de confiança no Deus que nos sustenta. O sofrimento é inevitável em um mundo caído, mas a esperança eterna transforma nossa perspectiva, permitindo-nos enxergar além das circunstâncias presentes e focar naquilo que é eterno.

O "homem exterior", mencionado por Paulo, refere-se ao corpo físico e às fraquezas terrenas que enfrentamos. O envelhecimento, a doença e as dificuldades podem nos desgastar, mas o "homem interior" – nosso espírito – é renovado diariamente pelo poder de Deus. Essa renovação é sustentada pela comunhão com o Espírito Santo e pela esperança nas promessas de Deus.

Paulo descreve o sofrimento como "leve e momentâneo" em comparação ao "peso eterno de glória" que nos aguarda. Isso não minimiza a dor que enfrentamos, mas coloca o sofrimento em perspectiva. Quando olhamos para a eternidade, percebemos que as tribulações são passageiras e não se comparam à glória que será revelada. A esperança eterna nos consolae dá significado ao sofrimento. Deus utiliza as dificuldades para nos moldar, fortalecer nossa fé e preparar-nos para a glória futura. Em Romanos 5:3-4, Paulo afirma que "a tribulação produz a paciência, e a paciência a experiência, e a experiência a esperança".

O sofrimento não é sem propósito, mas uma ferramenta nas mãos de Deus.

Por meio da esperança vivemos com coragem. Sabemos que o sofrimento não é o capítulo final de nossa história. A ressurreição de Cristo é a garantia de que a morte e o sofrimento não têm a palavra final. Assim como Cristo venceu, nós também venceremos, participando de Sua glória eterna.

A perseverança em meio ao sofrimento é sustentada pela promessa da presença de Deus. Ele não nos deixa enfrentar as dificuldades sozinhos. Em Isaías 43:2, Deus declara: "Quando passares pelas águas, estarei contigo; e, quando pelos rios, eles não te submergirão".

A presença divina nos fortalece e nos dá paz em meio à tempestade.

Essa perspectiva eterna nos ajuda a focar no que realmente importa. Em vez de sermos consumidos pelas coisas temporais, olhamos para as coisas invisíveis e eternas. A mudança de foco nos permite viver com propósito, investindo nossa energia em valores que transcendem o momento presente.

Paulo também nos ensina que a perseverança em meio ao sofrimento é um testemunho poderoso. Quando enfrentamos as adversidades com fé e esperança, mostramos ao mundo que há algo maior pelo qual vivemos. Nossa confiança em Deus, mesmo nas provações, aponta para a realidade do Reino eterno.

A esperança eterna nos dá a força para continuar mesmo quando tudo parece difícil. Ela nos lembra de que Deus é soberano e que Suas promessas são certas. Mesmo nas noites mais escuras, podemos ter certeza de que a luz da glória eterna brilhará, dissipando toda dor e tristeza.

Essa perseverança ainda nos convida a apoiar uns aos outros. Em 2 Coríntios 1:3-4, Paulo escreve que Deus nos consola em nossas tribulações para que possamos consolar outros. Assim, a comunhão entre os crentes é um meio pelo qual Deus fortalece Seu povo, criando um ambiente de encorajamento e amor mútuo.

A renovação diária do homem interior, mencionada por Paulo, é um lembrete de que devemos buscar a Deus continuamente. Por meio da oração, da meditação nas Escrituras e da dependência do Espírito Santo, encontramos a força necessária para enfrentar as dificuldades com fé e confiança.

Viver com a perspectiva da eternidade também nos ajuda a ver o sofrimento sob uma ótica divina. Embora não possamos compreender completamente por que enfrentamos certas provações, sabemos que Deus está trabalhando para o bem daqueles que O amam (Romanos 8:28). Essa certeza deve nos dar paz e nos manter firmes.

Portanto a perseverança em meio ao sofrimento, sustentada pela esperança eterna, é um testemunho da fidelidade de Deus e da força que Ele concede ao Seu povo. Olhar para a eternidade nos permite caminhar com confiança, sabendo que cada dificuldade é um passo rumo à glória que Deus preparou para aqueles que O amam.

Reflexões sobre como a promessa da eternidade molda nossa visão de vida, morte e propósito

A PROMESSA DA ETERNIDADE tem o poder de transformar profundamente nossa visão de vida, morte e propósito, reorientando nossas prioridades e dando significado eterno a cada aspecto da existência. Saber que Deus preparou para nós uma comunhão eterna com Ele nos ajuda a viver com esperança, a encarar a morte sem temor e a buscar um propósito alinhado com os valores do Reino.

A eternidade nos ensina que a vida não é apenas um evento passageiro, mas parte de uma história maior que Deus está escrevendo. Somos chamados a viver para o presente e à luz do que é eterno. Em 2 Coríntios 4:18, Paulo nos exorta a olhar "Não atentando nós nas coisas que se vêem, mas nas que se não vêem", pois as coisas temporais passarão, mas as eternas permanecerão.

Essa perspectiva nos ajuda a priorizar o que realmente importa. Quando entendemos que a eternidade é nosso destino final, os valores terrenos, como riqueza, fama e poder, perdem sua força. Em vez disso, buscamos investir em relacionamentos, em servir a Deus e em amar ao próximo, sabendo que essas ações têm impacto eterno.

A promessa da eternidade também transforma a maneira como encaramos a morte. Para os crentes, a morte não é o fim, mas uma transição para a vida plena na presença de Deus. Como Paulo declara em Filipenses 1:21, "para mim o viver é Cristo, e o morrer é ganho". Essa visão nos dá coragem para enfrentar a mortalidade com confiança, sem desespero ou medo.

A ressurreição de Cristo é a base dessa esperança. Por meio dela, sabemos que a morte foi derrotada e que um dia seremos ressuscitados para a vida eterna. Tal certeza nos dá força para enfrentar perdas e luto, lembrando que, para aqueles que estão em Cristo, haverá um reencontro na eternidade.

A promessa da eternidade , assim, redefine nosso propósito na vida presente. Sabendo que fomos criados para a glória de Deus, cada ação, por menor que pareça, ganha significado eterno. Desde as tarefas diárias até as grandes decisões, tudo pode ser feito para glorificar Deus e refletir Sua bondade.

O propósito eterno nos chama a viver como embaixadores do Reino de Deus, representando Seus valores em um mundo caído. Jesus nos instruiu em Mateus 6:33 a buscar "primeiro o Reino de Deus e a sua justiça", prometendo que todas as demais coisas nos seriam acrescentadas. Essa busca molda nossas escolhas e nos mantém focados no que é eterno.

Ademais, a visão da eternidade nos ajuda a enfrentar as adversidades da vida com perseverança. Como Paulo escreve em Romanos 8:18, "as aflições deste tempo presente não são para comparar com a glória que em nós há de ser revelada". Saber que nossas lutas são temporárias nos dá força para continuar confiando que Deus está trabalhando para nosso bem.

Além disso, a promessa da eternidade nos convida a compartilhar o evangelho com urgência. Quando entendemos que o destino eterno das pessoas está em jogo, somos movidos a proclamar a mensagem de salvação com paixão e amor. Cada oportunidade de falar sobre Cristo é uma chance de participar do plano redentor de Deus.

A eternidade nos chama a viver com gratidão, pois saber que Deus nos deu uma herança incorruptível, que não pode ser tirada, nos enche de alegria e reconhecimento. Essa gratidão nos motiva a adorar a Deus e a servir aos outros como expressão do amor que recebemos.

Logo, a comunhão com Deus na eternidade molda nossa visão do propósito último da vida. Não fomos criados apenas para existir, mas para desfrutar de um relacionamento pleno com o Criador. Essa realidade começa agora e será consumada na presença de Deus, na qual experimentaremos Sua glória em toda a sua plenitude.

Refletir sobre a promessa da eternidade nos ajuda a viver com uma perspectiva celestial, colocando cada aspecto de nossa existência em um contexto maior. A vida presente não é um fim em si mesma, mas uma preparação para a eternidade com Deus, que dá significado e direção a tudo o que fazemos. Essa esperança transforma nossos dias, orientando-nos para viver com propósito, coragem e alegria.

Conclusão

A ETERNIDADE É O eixo central da fé cristã, oferecendo uma visão que transcende os limites do tempo e espaço e conectando-nos ao propósito eterno de Deus.Ao longo deste livro, exploramos como as Escrituras revelam os fundamentos da eternidade, desde o plano divino na criação até a promessa gloriosa de uma nova criação, quando Deus habitará com Seu povo para sempre. A conclusão desse estudo é mais do que uma reflexão teológica, é um convite a viver com uma perspectiva que transforme nossa existência presente e nos prepare para o que está por vir.

Deus sempre teve a eternidade como o destino planejado para Sua criação. Desde o Éden, quando a Humanidade foi criada para viver em comunhão eterna com Ele até a promessa de restauração em Apocalipse, vemos um fio condutor de amor, fidelidade e soberania divina. Mesmo a entrada do pecado e da morte não frustraram o plano de Deus; ao contrário, deram lugar ao maior ato de graça já realizado: a redenção em Cristo.

A cruz e a ressurreição de Jesus são o ponto central dessa história eterna. Nelas, Deus ofereceu perdão, além da reconciliação plena que nos conduz à vida eterna. Cristo, como o Cordeiro de Deus, abriu o caminho para que aqueles que creem sejam restaurados à comunhão com o Pai, vivendo na certeza de que a morte foi vencida e que um futuro glorioso nos aguarda.

A eternidade nos dá a perspectiva correta sobre a vida presente. Saber que nosso destino final é com Deus nos ajuda a enfrentar as dificuldades, lutas e incertezas com esperança. Como Paulo escreveu, "as aflições deste tempo presente não são para comparar com a glória que em nós há de ser revelada". A eternidade ilumina nosso caminho, permitindo-nos viver com coragem e propósito, mesmo em um mundo quebrado.

Nossa visão de vida, morte e propósito é radicalmente transformada quando compreendemos que fomos criados para a eternidade. A vida deixa de ser simplesmente um conjunto de experiências passageiras e passa a ser vista como uma preparação para a comunhão eterna com Deus. A morte, embora ainda dolorosa, perde seu domínio, pois sabemos que ela não é o fim, mas um portal para a plenitude da vida.

Viver à luz da eternidade nos desafia a priorizar o que tem valor eterno. Isso nos chama a investir em relacionamentos, compartilhar o evangelho e buscar pelo Reino de Deus acima de tudo. Nossas escolhas deixam de ser moldadas pelo imediato e passam a refletir a esperança que temos em Cristo e o desejo de glorificar Deus em tudo.

A eternidade também nos une como corpo de Cristo. Saber que compartilhamos um destino comum nos encoraja a viver em unidade, amor e serviço mútuo. A igreja, como o povo redimido de Deus, é uma antecipação da comunhão perfeita que teremos com Ele e uns com os outros na nova criação.

O Espírito Santo é nossa garantia de que a promessa da eternidade será cumprida. Ele nos renova diariamente, moldando-nos à imagem de Cristo e nos preparando para a glória futura. Sua presença em nossas vidas nos dá força, sabedoria e coragem para perseverar, enquanto aguardamos com expectativa o dia em que veremos Deus face a face.

A visão da nova Jerusalém em Apocalipse 21-22 nos dá um vislumbre do que nos aguarda. Será mais do que um lugar de beleza indescritível, será um estado de comunhão perfeita com Deus, no qual não haverá mais pecado, dor ou morte. Essa promessa não é apenas uma esperança para o futuro, mas uma realidade que começa agora, à medida que vivemos em comunhão com Deus e experimentamos o poder da ressurreição em nossas vidas. A eternidade, assim, é um lembrete do caráter de Deus. Sua fidelidade, justiça e amor são evidenciados em cada etapa de Seu plano redentor. Ele nos chama para um relacionamento que transcende o tempo, oferecendo-nos uma herança incorruptível e incomparável, garantida pela obra de Cristo.

O chamado à eternidade nos desafia a compartilhar a esperança que temos com outros. Saber que a vida eterna é acessível a todos que colocam sua fé em Cristo deve nos mover a proclamar o evangelho com urgência e paixão. Cada vida impactada pelo evangelho é uma alma transformada que também será parte da grande celebração eterna na presença de Deus.

A promessa da eternidade não é algo para ser contemplado, mas vivenciado. À medida que caminhamos com Cristo, somos convidados a experimentar a alegria, a paz e o amor que caracterizam a vida eterna, mesmo enquanto ainda estamos neste mundo. Essa antecipação nos dá um vislumbre do que está por vir e nos mantém firmes na jornada.

Portanto a eternidade com Deus é o objetivo final de nossa existência. Não fomos criados somente para este mundo, mas para algo muito maior: uma vida abundante e plena na presença do Criador. Essa verdade nos dá direção e propósito, inspirando-nos a viver de maneira que reflita o caráter de Deus e glorifique Seu nome.

Embora não possamos compreender completamente a eternidade, somos chamados a confiar no Deus que a preparou para nós. Sua Palavra nos garante que Ele é fiel e cumprirá cada uma de Suas promessas. Essa confiança nos dá paz e nos permite descansar, sabendo que estamos seguros em Suas mãos.

O que aprendemos sobre os fundamentos bíblicos da eternidade nos chama a viver com intencionalidade. Cada momento, cada escolha e cada relacionamento são oportunidades de refletir a glória de Deus e apontar outros para a esperança que temos em Cristo. Viver com essa perspectiva é um ato de adoração que honra Aquele que nos criou para a eternidade.

Que este livro inspire todos os leitores a viver à luz da eternidade, buscando o Reino de Deus e Sua justiça, enquanto aguardamos o dia glorioso em que estaremos na presença do Senhor. Que nossas vidas reflitam a esperança que temos, para que outros também sejam atraídos para a promessa de vida eterna.

A eternidade não é apenas um conceito distante, mas uma realidade que molda nossa existência aqui e agora. É a culminação do plano redentor de Deus, por meio do qual Ele será tudo em todos e a alegria, a paz e o amor serão completos. Essa é a promessa que nos sustenta e nos motiva a viver para a glória de Deus. Que vivamos com propósito, com esperança e com os olhos fixos n'Aquele que nos chamou para compartilhar de Sua glória eterna.

Edição: 1ª
Fonte: Chaparral Pro